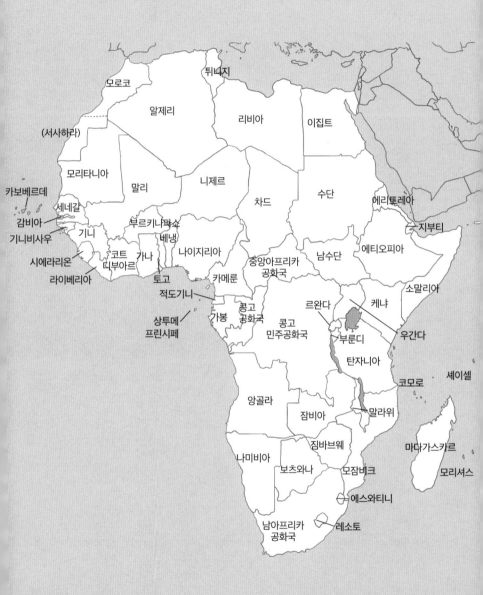

있는 그대로 앙골라

있는 그대로 **앙골라**

김성민 지음

초록비책공방

앙골라를 소개하며

"당신한테는 지금 이 나라가 가난하고 딱해 보일 수 있겠지만 어릴 적 늘 전쟁을 직접 보고 자란 나에게는 지금이 천국과 같은 시대입니다."

앙골라에 도착한 지 얼마 되지 않았을 때 같은 또래였던 동료 페드루와 나눈 이 대화가 아직도 생생하게 떠오른다.

대학 시절 포르투갈어를 전공한 나는 늘 해외에서 사회생활을 시작하고 싶었고, 실제 취업 후 앙골라에 파견 근무를 가게 되었다. 앙골라에 도착한 후 수도 루안다의 모습은 내가 상상했던 개발 도상국의 풍경과는 사뭇 달랐다.

항구에는 수많은 호화 요트가 정박해 있었고 멋지게 펼쳐진 대서양 해안가를 따라 화려한 고층 빌딩들이 늘어서 있었다. 하지만 이 화려해 보이는 도시 속에서 하루하루를 절박하게 살아가는 보통의 사람들도 보였다. 멋진 정장을 입고 외제차를 타고 빌딩 사이로 출근하는 회사원부터 생선과 과일을 팔러 분주하게 돌아다니는 젊은 여성들 그리고 학교 갈 시간이지만 구두를 닦고 세차를 하러 돌아다니는 어린아이들도 있었다.

나는 이 극단적인 광경을 보고 앙골라는 풍요와 빈곤이 극명히 엇갈리고 불평등이 만연한 국가라고 생각했다. 하지만 오랜 내전을 겪고 평화를 쟁취한 현재에 자부심을 갖고 있는 페드루와의 대화를 통해 단편적인 모습으로 앙골라라는 나라를 선불리 판단했던 스스로가 부끄러웠다. 이후 나는 한 국가를 진정으로 이해하기 위해서는 편견을 버리고 타문화에 대한 열린 마음과 존중이 필요하다고 생각하게 되었다.

안타깝게도 아직 한국 사람들에게 앙골라는 매우 생소한 나라이다. 파견 근무가 확정되어 주변에 알릴 때만 해도 앙골라가 어디 있는지 모르는 경우가 다반사였고, 앙골라에 대해 공부하고자 서점과 도서관을 찾았지만 출간되어있는 서적과 자료를 찾기 힘들었다. 앙골라의 현지 사정도 다르지 않았다. 일단 수도인 루안다에서조차 서점을 찾아보기 어려웠다. 그나마 구비되어있는 서적도 턱없이 부족했다.

우리나라의 경우 앙골라와 같은 국가 단위의 전문 서적보단 아프리카라는 큰 범주를 다루는 서적이 대부분이었다. 미국과 유럽 등 선진국의 경우 문화·경제·사회 등 분야도 다양하고 국가를 넘어 도시 단위까지 다양한 서적이 출간되고 있지만 아프리카와 같은 비주류 국가들을 다루는 비중은 아주 적었다.

그런 이유로 나는 '나의 첫 다문화 수업' 시리즈가 출간되자마자 열렬한 팬이 되었다. 아프리카를 포함해 다양한 국가를 경험한 저자들의 생생한 이야기를 토대로 한 나라를 쉽게 이해할 수 있다는 점이 매력적으로 다가왔다. 이 시리즈에 열성 팬이었던 나는《있는 그대로 앙골라》를 집필할 기회를 얻어 내가 경험했던 앙골라를 소개할 수 있게 되었다.

내가 경험한 앙골라는 가족 중심의 공동체 문화가 여전히 살아있고, 식민지 시절과 동족상잔의 내전까지 겪은 우리나라와 비슷한 역사를 갖고 있었다. 잔혹했던 식민지 시절과 오랜 내전은 상상을 초월하는 정신적·물질적 피해를 남겼으나 앙골라 사람들은 위기에 굴하지 않고 극복해 냈다.

한번은 한국인 강사와 함께 앙골라 사람들을 대상으로 강의를 진행한 적이 있었다. 강의 도입부에 일제 강점기와 한국전쟁의 아픔을 극복하고 오늘날의 민주화와 경제 발전을 이루어낸 한국의 역사를 설명했는데 수강생 모두가 진지하게 경청했다. 심지어 강의 후 한 여성 수강생은 머리카락을 팔아 자식들을 교육시킨 한국 어머니 이야기에 감동을 받아 자기 딸에게도 한국에 대해 알려주고 싶다며 강의 자료를 부탁하기도 했다.

나는 이 책을 쓰면서 비슷한 시기에 비슷한 역사를 경험했던 앙골라와 한국의 공통점을 담기 위해 노력했다. 한국의 역사가 앙골라 사람들에게 감동을 준 것처럼 우리도 그들의 역사에서 얻을 수 있는 교훈이 있다고 생각한다.

우선 앙골라를 알릴 수 있는 소중한 기회를 준 아프리카인사이트와 인터뷰를 통해 앙골라에 대한 경험과 지식을 공유해주신 KT 김도상 부장님, 꼬레앙골 안영권 사장님과 이해수 이사님, 개발마케팅연구소 김용빈 소장님께 특별한 감사의 인사를 드리고 싶다. 포르투갈 표기법에 대한 조언을 해 주신 부산외국어대학교 임두빈 교수님과 앙골라 국가 번역을 도와준 후배 주창엽 군에게도 감사의 인사를 전한다.

책을 집필하면서 대학교 은사이신 김용재, 김영철 교수님의 저서《포르투갈을 만난 아프리카》와 중원엔지니어링 고진도 소장님이 집필하신《앙골라 이야기》를 늘 곁에 두고 참고했다. 필요할 때마다 현지에서 사진 자료를 보내주고 앙골라의 생활과 전통 그리고 최근 동향까지 상세하게 설명해 준 나의 친구 질두*Hermenegildo Manuel*와 코스타*Costa Vao Vasconcelos*의 친절한 도움 덕분에 생생한 정보와 사진을 책에 담을 수 있었다.

마지막으로 책을 집필할 때 항상 곁에서 격려를 아끼지 않았던 소중한 아내와 가족, 친구, 직장 동료 모두에게 다시 한 번 고마운 마음을 전한다.

차 례

1부 올라! 앙골라

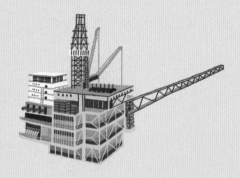

2부 앙골라 사람들의 이모저모

3부 역사로 보는 앙골라

4부 문화로 보는 앙골라

5부 여기를 가면 앙골라가 보인다

퀴즈로 만나는
앙골라

앙골라에 대한 가장 기본적인 정보를 퀴즈를 통해 알아보자.
정답을 맞히지 못하더라도 퀴즈를 풀다 보면
앙골라에 대한 호기심이 조금씩 생길 것이다.

Q1.

다음 중 아프리카를 대표하는
산유국이 아닌
나라는 어디일까요?

❶ 나이지리아 ❷ 앙골라 ❸ 가봉
❹ 적도기니 ❺ 르완다

Answer. ❺ 르완다

사하라 이남의 대표적인 석유 생산국은 나이지리아, 앙골라, 적도기니, 가봉 등으로 주로 서쪽 지역에 편중되어있고, 알제리와 리비아는 북부 아프리카의 주요 산유국이다. 르완다는 주요 산유국은 아니지만 기후 변화 대응에 관심이 많고, 신재생에너지를 잘 활용하고 있는 모범 국가이다.

● 앙골라의 해양 유전

Q2.

앙골라의 나미브 사막에서 자생하고
2,000년을 넘게 산다고 해서
'살아있는 화석'으로 불리는
식물은 무엇일까요?

❶ 웰위치아 **❷** 라플레시아 **❸** 시체꽃

❹ 바오밥나무 **❺** 우담바라

Answer. ❶ 웰위치아

처음 발견한 오스트리아의 식물학자 프리드리히 웰위치아의 이름을 따서 명칭을 지었고, 잎이 여러 개로 보이지만 실제 두 장뿐이며 해마다 약 10센티미터 정도 자란다. 오직 앙골라와 나미비아에 걸쳐진 나미브 사막에서만 발견되고, 양국 모두 웰위치아를 국화로 지정했다.

● 웰위치아

Q3.

앙골라에서 탄생해
현재 세계적으로 유명한
음악 장르가 된 것은 무엇일까요?

❶ 삼바 ❷ 살사 ❸ 플라멩코
❹ 탱고 ❺ 셈바

Answer. ❺ 셈바

셈바는 빠른 템포와 강한 에너지를 지닌 앙골라에서 가장 대중적인 음악으로 축제, 결혼식을 비롯해 장례식까지 다양한 행사에서 사용된다. 앙골라의 전설적인 가수 봉가는 셈바를 세계 무대에 알렸고, 현재는 세계인들이 즐기는 월드 뮤직 장르가 되었다.

● 셈바 대표 가수인 봉가

Q4.

춤과 음악이 조화를 이루는 앙골라의 전통 무술은 무엇일까요?

❶ 주짓수　　❷ 카포에이라　　❸ 삼보
❹ 가라테　　❺ 부흐

Answer. ❷ 카포에이라

카포에이라는 16세기 후반 앙골라에서 브라질로 팔려간 노예들이 만든 전통 무예이다. 춤과 무술, 음악이 어우러진 화려한 동작과 흥겨운 분위기를 만드는 것이 특징이다. 카포에이라는 2014년에 유네스코 세계 문화유산으로 등재되었다.

● 카포에이라

"

포르투갈 식민 지배에 용감하게 맞서
싸운 여전사이자 앙골라의 자주와 독립을
상징하는 위대한 민족 지도자로 추앙받는
인물은 누구일까요?

❶ 만사 무사 ❷ 클레오파트라 ❸ 아미나 구립파킴
❹ 은징가 은반데 ❺ 이자벨 두스 산투스

"

Answer. ❹ 은징가 은반데

17세기 앙골라에 있었던 은동고 왕국의 여왕인 은징가 은반데®는 탁월한 지략과 용맹으로 포르투갈의 침략을 효과적으로 막아냈다. 현재까지 앙골라에서 추앙받는 민족 지도자로 앙골라 곳곳에 은징가 여왕의 동상이 세워졌고 그녀의 이름을 딴 도로명도 존재한다.

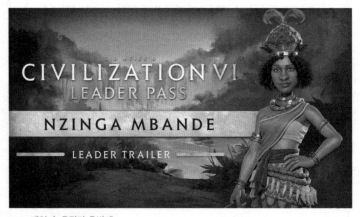

● 게임 속 은징가 은반데

● 2022년 발매된 유명 전략 시뮬레이션 게임인 〈문명6〉에서 은징가 은반데는 새로운 국가 지도자 캐릭터로 추가되었다.

1부

올라!
앙골라

이 세상은 조상에게 물려받은 것이 아니라
후손에게 빌린 것이다.

남부 아프리카의 성장 엔진

앙골라는 아프리카 사하라 사막 서남쪽에 있는 국가로 총 18개의 주가 있고, 2023년 기준으로 인구는 3,668만 명*을 보유하고 있다. 국토 면적은 약 124만 6,700제곱킬로미터로 한반도의 5.6배에 달하며 세계에서 22번째로 넓은 나라이다. 서쪽으로 대서양을 맞대고 있으며 남북으로 약 1,650킬로미터의 긴 해안선을 갖고 있다.

석유를 비롯한 풍부한 천연자원으로 내전 후 최고의 경제 부흥기를 누렸고, 중앙아프리카국가경제공동체*ECCAS, Economic*

● 유엔의 World Population Prospects 기반으로 2023년 237개국의 인구 집계

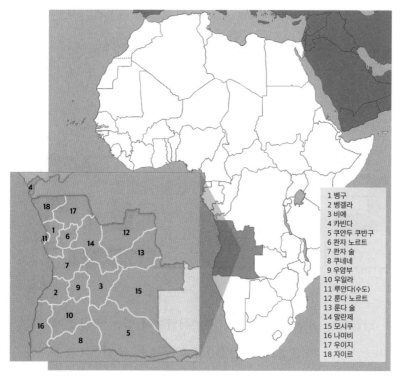

1 벵구
2 벵겔라
3 비에
4 카빈다
5 쿠안두 쿠반구
6 콴자 노르트
7 콴자 술
8 쿠네네
9 우암부
10 우일라
11 루안다(수도)
12 룬다 노르트
13 룬다 술
14 말란제
15 모시쿠
16 나미비
17 우이지
18 자이르

● 앙골라 위치

Community of Central African States●의 의장국으로 선출될 만큼 사하

라 이남 아프리카에서 큰 영향력을 행사하고 있다.

우리나라와 같이 식민 지배를 겪고 이후 오랜 내전을 경험

● 중앙아프리카국가경제공동체는 1985년에 창설된 중앙아프리카 11개국의 지역
협력체로 앙골라는 2020년부터 2024년까지 5년 임기로 의장국에 선출되었다.

했지만 종전 후 **빠른** 정치적 안정과 높은 경제 발전을 바탕으로 현재 남부 아프리카의 성장 엔진으로 부상하고 있다. 세계 은행은 향후 앙골라가 나이지리아와 남아프리카공화국과 더불어 사하라 이남의 경제 성장을 주도할 것이라고 평가했다.

기후 및 강수량

남반구에 있는 앙골라는 북반구에 있는 우리나라와 계절이 반대이다. 여름인 9~11월은 평균 온도가 섭씨 28도 정도로 가장 더우며, 겨울철로 구분되는 6~8월은 체감상 한국의 초가을 날씨와 비슷하다. 개인적으로 여름은 습하고 더워서 힘들었지만 비교적 건조하고 선선한 겨울 날씨는 마음에 들었다. 그러나 앙골라 사람들은 겨울이 되면 추위를 많이 타 털모자나 두꺼운 점퍼를 입은 사람을 쉽게 볼 수 있었다.

중부 지역은 벵겔라 해협의 한류 영향으로 상대적으로 건조한 편이다. 길게 펼쳐진 고원 지대로 건기와 우기가 매우 뚜렷한 사바나 기후가 나타나며 북부 지역과 비교해 상대적으로 낮은 온도와 적은 강수량이 특징이다. 신기하게도 중부 지역의 높은 고원 지대에서는 종종 눈이 내리기도 한다. 남부 지역은 칼라하리 사막의 영향으로 다른 지역과 비교해 건조한 편이고, 북부 지역과 콩고민주공화국을 사이에 두고 서로 떨어져 있는 카빈다 주는 열대성 기후로 연중 고온다습하다.

강수량은 해안에서 내륙으로 들어갈수록 많고 종종 집중 호우로 인해 큰 홍수 피해가 발생한다.* 평균적인 강우량은 적어도 많은 비가 일시에 집중적으로 내려 홍수 피해가 빈번하게 발생하지만 지역마다 기상 관측 시설 및 설비가 제대로 갖추어지지 않아 정확한 강우량을 예측하기는 어렵다. 이런 이유로 앙골라의 주요 도시는 상대적으로 강우량이 적은 지역에 위치해 있다. 그럼에도 우기 후반에는 예상치 못한 집중 폭우로 홍수 피해가 빈번하게 발생한다. 실제 루안다에 거주할 당시 단 몇 시간 동안 내린 폭우로 도시 곳곳이 침수되었고 하수구의 쓰레기가 넘쳐흐르면서 물이 빠진 후에 거리가 엉망이 된 적이 있다.

경제

2005년부터 2008년까지 국제 유가를 비롯한 천연자원의 가격 상승으로 앙골라는 연평균 무려 18퍼센트 이상의 높은 경제 성장률을 기록하며 '남아프리카의 성장 엔진'이라고 불렸

---

* 영토 남북으로 길게 늘어진 해안 지대는 50~800밀리미터의 다양한 강수량 분포를 보인다.

다. 하지만 2014년 하반기 국제 유가 하락으로 앙골라의 경제는 치명적인 타격을 입었고, 저유가가 지속되면서 2016년에는 12년 만에 처음으로 마이너스 성장을 기록했다. 국제 유가 하락은 수출과 국가 재정 감소로 이어졌고, 심각한 인플레이션을 불러왔다. 세계은행은 국제 유가가 회복되면 앙골라, 나이지리아, 남아프리카공화국이 남부 아프리카의 경제 성장을 견인할 것이라고 예상했지만 갑작스러운 코로나19 확산으로 경기 침체는 최근까지 계속되었다.

앙골라 경제의 지속적인 침체 원인은 국제 저유가 기조 지속, 국가 부채 증가로 인한 재정 악화, 해외 투자 감소 등 여러 요소가 있지만 가장 근본적인 문제는 석유 산업에 편중된 경제 구조에 있다. 주앙 로렌수 *João Lourenço* 현 대통령도 경제 구조 다변화 정책을 통해 위기를 극복하고자 노력하고 있다. 비석유 부문 산업의 육성을 위한 제도를 마련하고, 경제 활성화를 위한 각종 규제 개혁을 시도하고 있는데, 특히 경제 다변화에 있어 유망한 잠재력을 보유한 농업과 수산업에 신경을 쓰고 있다.

향후 앙골라는 농업 국가로 발전할 높은 잠재력을 갖고 있다. 2017년 앙골라 정부가 발표한 국가발전정책 에는 '농업 경제 활동 강화를 위한 투자 및 지방 저소득층 고용 창출을 통한

● Natonal Development Plan, 2018~2022

● 앙골라의 커피 농사　　　　　　● 앙골라의 사탕수수 농사

농업 가치사슬과 농업 활성화'가 주요 목표 중 하나로 제시되고 있다. 앙골라는 농사를 지을 수 있는 약 670만 헥타르의 관개 농지*를 갖고 있는데 이는 사하라 이남 국가 중 가장 큰 규모이다. 내전으로 말미암아 농지가 황폐해지고 농민들이 피난을 떠나버렸지만 종전 이후 귀농인이 늘어나면서 앙골라의 농업은 다시 활성화되었다. 앙골라 정부 역시 농업을 활성화하기 위해 커피, 담배, 사탕수수 재배를 장려하고 포르투갈인들이 소유했던 대농장을 국유화했다. 현재도 정부는 농업 개발 및 식량 확보를 위해 외국인 투자를 유치하고, 선진 농기술을 적극적으로 도입하려고 시도하고 있다.

　앙골라는 긴 해안선을 따라 풍부한 수산 자원을 보유하고

● 물을 끌어와 농사를 지을 수 있는 면적

● 앙골라의 어선

● 앙골라의 어민

있다. 남서부에 있는 뱅겔라 해류는 남대서양의 무역풍*이 부는 덕분에 시원하고 영양분이 풍부한 물이 공급되어 풍부하고 다양한 어종이 서식한다. 또한 루안다에서 콩고강 하류로 이어지는 북부 어장과 루안다에서 로비투까지 이어진 남부 어장에서도 전갱이, 밴댕이 등이 잡힌다.

독립 후 포르투갈 어부들이 떠나면서 수산업이 침체된 적이 있었지만 1987년부터 앙골라 정부는 민영화와 외국인 투자법을 제정했고, 유럽연합EU, European Union과 수산업협정을 맺었다. 이러한 노력 덕분에 어획량은 꾸준히 증가했고 수산업은 다시 국가 경제에서 중요한 분야로 떠올랐다. 향후 현대화된 항만, 수산물 저장 시설, 유통망을 구축한다면 앙골라의 수산

---

* 위도 20도 내외의 지역에서 1년 내내 일정하게 부는 바람

업은 크게 도약할 수 있을 것이다.

종교

포르투갈의 영향으로 앙골라 국민 대부분은 기독교를 믿는다. 세부적으로는 가톨릭 41퍼센트, 개신교 38퍼센트, 기타 종교(토착 종교, 유대교, 이슬람교 등) 10퍼센트, 무교 12퍼센트로 구성되어있다. 어디서든 성당과 교회를 쉽게 찾아볼 수 있으며 대부분 규모는 크지 않지만 식민지 시절 포르투갈인들에 의해 유럽식으로 지어졌다.

앙골라에는 기독교 성인의 이름을 딴 도로명도 많고, 주말 예배 시간에는 성당의 종소리가 동네에 울려 퍼지며 거리도 한산해진다. TV와 라디오 같은 미디어에서도 기독교에 관한 방송이 많이 나오고 결혼식 및 장례식 행사도 기독교식으로 하는 경우가 많다.

앙골라는 기본적으로 종교적 자유가 보장되나 소수 종교를 가진 사람들은 정부가 기독교를 편애한다고 지적한다. 실제로 과거 기독교는 앙골라와 유럽을 종교적 정서로 이어주는 중요한 역할을 담당했고 현재도 앙골라 사람들 생활 속에 깊이 자리해 있다.

● 루안다대성당

● 콴자 노르트의 카마바텔라교회

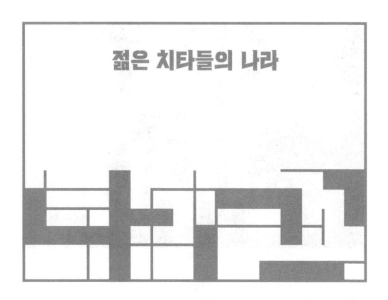

젊은 치타들의 나라

하마와 치타

　세계적인 비즈니스 컨설턴트인 비제이 마하잔*Vijay Mahajan*은 자신의 저서《아프리카 파워*Africa Rising*》에서 '하마와 치타'라는 개념을 소개했다. 저자는 식민 지배와 내전의 경험 그리고 지속적인 빈곤으로 무기력해진 아프리카의 기성세대를 '하마세대'라고 표현했다. 반대로 민감하고 능동적이며 모바일과 인터넷을 통해 스스로 배우고 빠르게 성장하는 아프리카 젊은이들은 생존을 위해 쉬지 않고 달리며 소수의 집단을 이루거나 홀로 행동하는 지상에서 가장 빠른 동물 치타를 빗대 '치타세대'로 비유했다.

비제이 마하잔은 빈곤, 내전, 질병이 만연한 아프리카 대륙을 이끌어나갈 주역으로 바로 이 치타세대를 지목했다. 또한 치타세대가 주도하는 아프리카를 이 시대의 마지막 경제 블루오션이자 전 세계에서 가장 급속도로 성장하고 있는 시장이라고 평가했다.

국가 경쟁력의 핵심, 젊은 인구

풍부한 자원과 젊은 노동력으로 큰 잠재력을 가진 아프리카 시장에 진출하고자 하는 경쟁은 이미 치열하게 전개되고 있다. 특히 2019년 아프리카대륙자유무역협정_AfCFTA, African Continental Free Trade Agreement_이 체결되면서 앙골라를 포함한 54개의 회원국은 역내 관세를 철폐하고 13억의 거대 단일 시장으로 부상했다. 이처럼 아프리카 단일 경제권이 현실화되면서 세계 각국에서는 아프리카 시장을 효과적으로 선점하고 자국 기업을 진출시키기 위해 협력과 투자를 아끼지 않고 있다.

특히 중국은 다른 나라보다 먼저 아프리카 개발에 참여해 막대한 투자와 인프라를 구축하고 있다. 지난 33년간 중국은 외교부장의 새해 첫 방문지를 아프리카로 정했다. 2023년 1월에도 중국 친강秦剛 신임 외교부장은 첫해 해외 방문지로 앙골라, 가봉, 에티오피아, 배냉, 이집트와 아프리카연합_AU, African_

*Union*을 선택했다. 또한 시진핑習近平 국가주석은 2023년 남아프리카공화국에서 열린 아프리카 지도자 대화를 공동 주재하면서 아프리카의 통합과 현대화를 위한 산업화, 농업 현대화, 인재 양성을 적극적으로 지원할 것을 약속했다. 이처럼 중국은 전통적으로 아프리카와의 외교적 관계에 공을 들여왔고 일대일로一帶一路 정책을 추진하면서 더 적극적으로 정치·경제적 협력을 강화하고 있다.

미국 역시 중국을 견제하고 아프리카 시장을 확보하기 위해 많은 노력을 기울이고 있다. 조 바이든Joe Biden 미국 대통령은 2022년 12월 14일 아프리카연합의 49개국 정상 및 고위급 대표들을 백악관으로 초대해 '미-아프리카 비즈니스 포럼'을 개최했다. 이 자리에서 조 바이든 대통령은 "아프리카가 성공할 때 미국이 성공하고 전 세계가 성공한다."라며 이 지역의 중요성을 강조하고, "미국은 아프리카의 미래에 '올인'하고 있다."라며 총 550억 달러(71조 5,440억 원)의 대규모 지원을 발표했다.

G2인 중국과 미국이 아프리카에 적극적으로 구애하는 것은 잠재력 높은 거대 시장을 선점하겠다는 의지가 담겨있다. 세계 어느 지역보다 빠른 인구 증가 속도를 보이는 아프리카는 젊은 노동력과 구매력을 갖춘 매력적인 시장이다. 이 시대에 천연자원과 더불어 '젊은 인구'를 얼마나 보유했느냐의 여부는 국가 경쟁력의 필수적인 요소로 자리 잡았다. 이러한 흐름 속에

서 앙골라는 풍부한 천연자원과 더불어 치타세대 인구를 보유한 아프리카의 신흥 성장국으로 주목받고 있다.

높은 출생률과 젊은 인구

유엔인구기금*UNFRA, United Nations Population Fund*의 2021년 세계인구현황보고서에 따르면 한국의 합계 출산율은 1.1명으로 2년 연속 198위로 세계 최하위에 머물렀다. 14세 이하 유소년 인구 비율은 12.3퍼센트로 고령화가 심각한 사회적 문제로 떠오른 일본(12.3퍼센트)이나 싱가포르(12.4퍼센트)와 비슷한 수준이다. 2020년에는 사망자 수가 출생자 수를 앞서기 시작했고, 국제통화기금*IMF, International Monetary Fund*은 인구 감소와 고령화로 인해 한국은 미래 세대의 부채 부담을 경계해야 한다고 경고했다. 정부도 인구 감소를 경제·사회 전반에 영향을 주는 심각한 국가적 문제로 규정하고 전 부처가 합심해 출산율을 높이고자 하고 있으나 아직 실질적인 성과는 거두지 못하고 있다.

이와 대조적으로 앙골라는 약 3,000만 명 이상의 인구를 보유하고 있으면서도 앙골라 여성 한 명이 5.9명의 자녀를 출산하고 있다. 남녀 성비도 49.6대 50.4로 균등한 편이고, 특히 14세 이하 유소년 인구 비율은 전체 인구의 46.1퍼센트에 달한다. 미국 중앙정보국*CIA, Central Intelligence Agency* 월드팩트북에 따르면 앙골라 출산율은 세계 2위로 집계되었고, 2021년 추산 출생률은 인구 1,000명당 42명, 사망률은 1,000명당 8명이다.

인구 증가로 인한 문제점

인구 절벽으로 내몰린 우리나라 입장에서는 젊고, 성비도 균등한 앙골라의 인구 구조가 굉장히 부러워 보인다. 하지만 면밀하게 들여다보면 앙골라 역시 인구와 관련한 여러 심각한 문제가 존재한다. 우선 공공 행정 체계가 제대로 작동하지 않아 인구 조사가 체계적으로 이루어지지 않고 있고 기관에 따라 집계하는 인구수가 제각각이다.

유엔개발계획*UNDP, United Nations Development Programme*에서는 각 국가의 실질국민소득, 교육 수준, 문맹률, 평균 수명 등 인간의 삶과 관련된 여러 지표를 조사해 각국의 인간 발전 정도와 선진화 정도를 평가하는 인간개발지수*HDI, Human Development Index*를 발표하는데, 이 조사에서 앙골라는 2020년 총 189개국 가운데 148위를 기록해 인구 증가와는 별개로 국민은 매우 열악한 여건에서 살아가는 것으로 나타났다. 2021년 유엔이 추산한 출생 시 기대 수명 역시 남녀 평균 61.6세로 188개국 중 164위로 최하위권으로 집계되었다(한국의 남녀 평균 기대 수명은

83.7세로 전체 6위). 또한 인구 대부분이 서부 지역에 밀집되어 있고, 특히 수도 루안다에는 약 863만 명의 인구가 집중되어 있다. 물적·제도적 인프라 기반이 뒷받침되지 않은 상태에서 인구가 급팽창되고 있어 앙골라의 급작스러운 도시화는 오히려 도시의 슬럼화와 새로운 형태의 빈곤을 만들어내고 있다.

통계청 자료에 따르면 2070년 세계 인구는 100억 명을 넘기고, 앙골라를 포함한 아프리카 10개국의 인구가 1억 명 이상에 달할 것으로 전망된다. 앙골라를 포함한 아프리카 국가들이 세계 인구의 증가세를 이끌어나갈 전망이지만 지금까지 새로운 치타세대의 잠재력을 뒷받침해 줄 만한 기본적인 국가 인프라와 양질의 공공 서비스는 턱없이 부족하기만 하다.

치타세대의 성공을 바라며

앙골라에서 파견 근무를 하는 동안 현지 젊은이들의 강인한 생활력과 에너지를 느낄 수 있었다. 아침 일찍 잡아 온 생선을 팔러 갓난아이를 둘러매고 나온 젊은 여성들, 도로 곳곳에서 온갖 물건을 파는 청년들, 먼 등굣길을 묵묵히 걸어가는 학생들까지 앙골라의 치타세대들은 어려운 형편에서도 씩씩하게 하루하루를 살아가고 있다. 자신의 생각을 명확하게 표현하고 스스로의 행복을 위해 최선을 다하는 모습은 우리 한국의 젊은 세대와 유사하다. 때로는 어이가 없을 정도로 당당하게 자신의 주장을 펼치는 앙골라 치타세대들의 열정과 패기에 감탄하기도 했다.

다만 열악한 교육 환경과 양질의 일자리 부족으로 잠재력이 풍부한 앙골라의 청년들은 역량을 제대로 키우지 못하고 있다. 너무 과하게 교육에 집중하는 한국과 달리 앙골라는 기본적인 교육 인프라마저 열악하다. 나라가 보유한 천연자원의 혜택은 선택받은 소수가 아닌 다수의 국민 그리고 특히 젊은 세대들을 위해 돌아가야만 한다. 앙골라의 치타세대들이 오늘이 아닌 미래를 향해 힘차게 질주하고, 균등한 교육의 혜택을 받을 수 있을 때 앙골라는 석유에만 의존하지 않는 새로운 국가 경쟁력을 가질 수 있다고 확신한다.

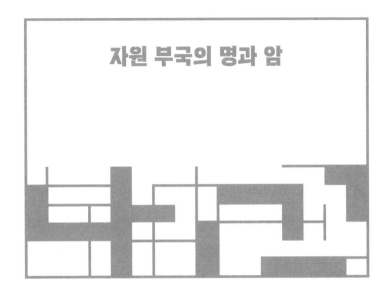

자원 부국의 명과 암

사하라 이남 아프리카에서 앙골라는 나이지리아 다음으로 원유를 생산하는 나라이며, 석유수출국기구*OPEC, Organization of the Petroleum Exporting Countries*의 회원국이다. 앙골라 경제에서 석유가 차지하는 비중은 절대적이며 국가 재정 수입의 가장 큰 부분을 차지하고 있다.

국제통화기금은 2016년도 보고서에서 석유 부문이 앙골라 경제에서 차지하는 비중을 GDP의 20.7퍼센트, 조세 수입의 54.2퍼센트, 총수출의 91.0퍼센트로 추정했다. 특히 경제 호황기였던 2005~2008년에는 국제 유가 상승과 활발한 신규 유전 개발에 따른 원유 수출 증가로 연평균 18퍼센트의 경제 성장률을 기록하기도 했다.

앙골라가 나이지리아를 제치고 서남부 아프리카 최대 산유
국 자리*에 잠시 오른 적이 있었다. 2008년 생산력이 정점에
도달했고, 2021년에는 나이지리아 및 리비아에 이어 아프리카
원유 생산국 3위를 차지했다. 앙골라 원유는 미국과 유럽의 정
제 회사들이 선호하는 고품질의 원유로 널리 인정받고 있다.

앙골라는 1910년 처음으로 석유 탐사를 시작했고, 1915년
유전 개발에 성공했다. 1966년 카빈다 해안에서 대규모 유전
이 발견되었고, 1968년부터 석유 생산을 시작해 미국, 중국, 유
럽 등으로 수출했다. 카빈다는 현재도 앙골라 석유 생산의 중
심지이며 산유량 대부분을 차지하고 있다. 앙골라의 석유 광구
대부분이 근해에 위치해 카빈다를 비롯한 북부 해안 지대에 대
부분 집중되어있는데 이는 오랜 내전으로 육상 광구의 개발이
제한적이었기 때문이다.

1978년에는 앙골라석유공사인 소난골*Sonangol*이 설립되어
앙골라 내의 원유 생산을 이끌었고, 2007년에는 석유수출국
기구 14번째 회원국으로 가입했다. 석유 수출 호조로 앙골라
는 2001~2010년까지 무려 10년간 연평균 11퍼센트의 경제
성장률을 달성해 서남부 아프리카의 경제 성장을 주도하는 국

---

* 2016년 2, 4분기와 2017년 상반기

● 앙골라의 해양 유전

가로 성장했다.

다이아몬드와 다양하고 풍부한 광물자원

앙골라는 석유 외에도 다이아몬드, 금, 철, 구리, 니켈, 석탄, 우라늄, 보크사이트 등 가치가 높은 전략 자원을 다양하게 보유하고 있다.

보츠와나, 콩고민주공화국 다음으로 세계 3위의 다이아몬드 생산 국가이며, 2018년에는 약 943만 캐럿의 다이아몬드를 생산했다. 카토카 지역에는 세계 다섯 번째로 규모가 큰 다이

● 다이아몬드

● 카토카 광산

아몬드 광산이 있다.

　포르투갈은 1917년 앙골라에 다이아몬드 회사를 설립해 채굴과 판매권을 독점했다. 독립 이후 포르투갈인이 떠나면서 다이아몬드 광산 운영에 위기가 왔으나 1979년 광산개발법이 제정되고 1981년 앙골라 국영다이아몬드공사인 앤디아마 *ENDIAMA*가 설립되었다. 내전 기간 동안 정부군과 반군 사이에는 다이아몬드를 군사 자금으로 활용하기 위한 치열한 쟁탈전을 벌였고, 이로 인해 광산 인근의 지역 주민들이 큰 피해를 입었다. 내전 종식 후 앙골라 정부는 다이아몬드 광산 독점권을 폐지하고, 현재는 외국 기업들도 다이아몬드 광산에 활발한 투자를 하고 있다. 다만 다이아몬드와 달리 다른 광물 자원은 아직 상업화가 활발히 이루어지지 않고 있다.

자원 부국의 빈곤한 국민

　풍부한 석유와 다양한 천연자원을 보유한 앙골라이지만 세계은행은 2023년 하루 1.9달러 미만으로 생활하는 총 1,180만 명의 절대 빈곤층*이 존재한다고 집계했다. 절대 빈곤층은 생

● 최소한의 생존 수준에도 미치지 못하는 상태로 세계은행의 경우 하루 1.9달러 이하로 살아가는 이들을 절대 빈곤층이라고 규정한다.

존을 위한 기본적인 요건을 갖추지 못하고 있다. 만성 영양 부족과 발육 부진 상태가 지속되어 제대로 된 교육과 보건 서비스를 받지 못하고 있다. 자원 부국 앙골라는 절대 빈곤을 줄이는 것이 가장 큰 문제이다.

세계은행은 앙골라의 절대 빈곤은 일자리 부족과 관련이 깊다고 진단했다. 현 정부는 지난 5년여의 집권기 동안 여러 개혁 조치를 통해 거시 경제의 안정성과 공공 부문의 거버넌스를 개선했다. 특히 석유에 의존하는 경제 구조를 개선하고자 비석유 분야에 많은 공공 투자를 했고, 민간 부문의 경제 참여를 확대하기 위해 법률을 도입했다. 하지만 인구는 급속히 증가하고 높은 빈곤율도 계속되고 있지만 양질의 일자리와 인적 자본을 키우기 위한 노력 및 투자는 아직도 부족하기만 하다.

앙골라는 높은 석유 의존도로 인해 국제 유가가 하락하면 경제 상황이 불안정해지고, 빈곤과 불평등이 함께 증가한다. 석유로 벌어들이는 수입은 빈곤 퇴치를 위한 인프라 구축 및 교육, 일자리 창출 등을 위해 투자되어야 한다. 단순히 앙골라가 아프리카 제1의 산유국이 되는 것보다 국민이 빈곤에서 벗어나 일자리를 가질 수 있도록 농업, 수산업, 제조업 등 성장 잠재력이 높은 다양한 분야의 산업을 성장시키는 것이 더 시급한 과제이다. 석유와 천연자원은 소수의 권력층만의 소유가 아닌 앙골라 국민 모두의 것이다.

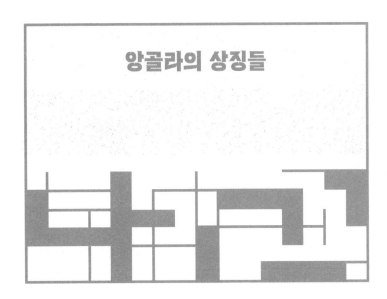

국기

앙골라의 정식 국명은 '앙골라공화국*Republic of Angola*'이며, 현재 국기는 1975년 독립 후 처음 사용되었다. 앙골라의 국기는 색과 형상마다 각각의 의미를 지닌다. 검은색은 '아프리카 대륙', 붉은색은 '독립 투쟁 및 혁명 당시 흘린 앙골라 사람들의 피', 노란색은 '국가의 부유함'을 상징한다. 중앙 부분의 톱니바퀴는 '노동자 계층과 공업'을, 반도(칼)는 '농민 계층과 농업, 자유를 위한 무장 투쟁'을, 별은 '국제적 연대와 발전'을 의미한다.

앙골라 국기는 현재 집권 여당인 앙골라해방인민운동*MPLA*,

● 앙골라인민해방운동 당기　　　● 앙골라 국기

*Movimento Popular de Libertação de Angola*의 당기에서 유래되었다. 앙골라해방인민운동의 당기와 국기는 색(붉은색과 검은색)과 별의 형상이 흡사하다.

국장

● 앙골라 국장

앙골라의 국장은 1990년에 제정되었다. 국장 가운데 있는 반도와 괭이는 '자유를 위한 투쟁'과 '농민'을 상징하며 별은 '진보', 떠오르는 태양은 '새로운 시작'을 의미한다. 휘장은 톱니바퀴 부분과 옥수

수·커피·목화 나뭇가지가 절반씩 차지하고 있고 각각 '노동자와 산업 생산', '농민과 농업 생산'을 나타낸다. 국장 바닥에는 교육과 문화의 상징으로 펼쳐진 책이 있고, 그 아래 'República de Angola(앙골라공화국)'라는 포르투갈어가 새겨진 황금색 띠가 있다.

국화

앙골라의 국화는 '웰위치아*Welwitschia mirabilis*'이다.[•] 세계적으로 보존 가치가 높은 식물로 알려진 이 희귀한 식물은 앙골라와 나미비아에 걸쳐있는 나미브 사막의 특정 지역에만 자생하고 있다.

웰위치아는 잎이 여러 개로 보이지만 실제로는 두 장뿐이며 자웅동체로 스스로 수정할 수 있으나 번식 주기가 명확하지는 않다. 1년 동안 약 10센티미터씩만 잎이 자라는데 이는 나미브 사막의 강수량이 적어 신진대사가 느리기 때문이다. 또한 웰위치아는 2,000년 이상 살 수 있는 장생식물로 일본에서는 '기상천외奇想天外'라는 별명이 붙을 정도로 신비한 식물

[•] 1859년 오스트리아의 식물학자인 프리드리히 웰위치아*Friedrich Welwitsch*의 이름을 따서 붙여졌다고 한다.

● 앙골라 국화 웰위치아

이다. 공룡이 마지막으로 서식했던 백악기 시대에 발견된 웰
위치아 화석은 현재의 모습과 흡사하다. 이에 웰위치아를 '살
아있는 화석'이라고 부른다.

웰위치아는 나미비아보다는 앙골라에 더 잘 보존되어있다
고 하는데 이는 내전으로 살포된 지뢰 때문에 자생 지역이 지
켜졌기 때문으로 추정된다. 현재 앙골라와 나미비아 모두 웰
위치아를 국화로 지정하고 있으며 자생 지역을 철저히 보호하
고 있다. 세계적으로 희귀한 식물이어서 지금은 해외 반출이
금지되어있으나 한국 국립수목원의 열대식물자원연구센터에
기증되어 보존하고 있다.

아프리카를 대표하는 상징적인 나무이자 생텍쥐페리의 《어린왕자》를 통해 널리 알려진 바오밥나무는 앙골라에서도 생활의 원천이자 신성한 나무이다. 높이가 30미터 이상 자라고 줄기에

● 바오밥나무

최대 12만 리터의 물을 저장할 수 있어 앙골라에서는 '병나무'라고도 부른다. 바오밥나무는 1,000년 이상 살 수 있을 정도로 강인한 생명력을 지니고 있지만 최근 기후 변화로 개체 수가 많이 줄어들고 있다고 한다.

바오밥나무의 잎은 칼슘, 철, 단백질 등이 풍부해 말린 잎으로 만든 분말은 빈혈, 구루병, 이질, 류머티즘, 천식을 치료하는 약재로 사용되고 자양강장제로도 효과가 탁월하다고 전해진다. 씨앗과 뿌리는 요리해 먹을 수 있으며 껍질은 그릇으로 활용된다. 심지어 나무에서 추출되는 강한 섬유는 전통 악기의 현으로 사용된다고 하니 앙골라 사람들의 생활에서 바오밥나무는 매우 유용한 식물일 수밖에 없다. 그런 이유로 바오밥나무를 쓰러뜨리는 것은 앙골라에서 신성 모독으로 간주되며 꼭 필요한 경우에만 건축 재료로 활용된다.

앙골라의 국영 항공사인 TAAG 항공기의 꼬리 날개에는 근사한 뿔을 가진 영양 한 마리가 새겨져 있다. 이 동물은 포르투갈어로 '팔란카 네그라 기간트*Palanca Negra Gigante*'라고 불리는 자이언트 세이블 영양(대흑영양)이다. 주로 말란제 지역의 칸간다라 국립공원에서 서식하며 암수 모두 뿔을 갖고 있으나 수컷의 뿔이 더 발달되어있다. 현재까지 알려진 가장 거대한 크기의 뿔 길이는 165센티미터에 달한다.

자이언트 세이블 영양은 천성적으로 수줍음이 많으나 위기를 느끼면 매우 호전적으로 바뀌어 뿔을 이용해 상대를 공격한다.* 다른 야생 동물과 마찬가지로 내전 당시 많은 자이언트 세이블 영양이 사냥과 전쟁 자금 마련을 위해 희생되었다. 현재는 국제자연보전연맹에서 심각한 멸종위기종으로 지정되어 있다.

내전 후 멸종에 대한 우려가 있었지만 2004년 앙골라가톨릭대학교의 페드루 바즈 핀투*Pedro Vaz Pinto* 박사가 이끄는 연구팀이 말란제 남쪽에 있는 칸간다라 국립공원의 한 호수에서 트랩 카메라를 이용해 자이언트 세이블 영양이 서식하는 증거

---

* 성인 개체의 경우 사자와 악어 정도에게만 위협받을 정도로 먹이사슬 중 강력한 위치에 있다.

● 자이언트 세이블 영양

● TAAG 항공기

를 찾았다. 현재도 자이언트 세이블 영양은 앙골라를 대표하는 동물이며 그레이터쿠두와 더불어 아프리카에서 가장 멋있는 영양으로 손꼽힌다.

국가

앙골라 국가의 제목은 '앙골라여, 전진하라!*Angola Avante!*'이다. 1975년 마누엘 후이 몬테이루*Manuel Rui Monteir*가 작사를, 후이 밍가스*Rui Mingas*가 작곡했다. 포르투갈 독립 직후 만들어진 국가는 앙골라 사람들의 용감하고 씩씩한 기개가 느껴지는 곡으로, 국가의 중요 행사에 빠짐없이 등장한다.

Ó Pátria, nunca mais esqueceremos
오 조국이여, 결코 잊지 않겠습니다

Os heróis do 4 de Fevereiro
2월 4일의 영웅들을

Ó Pátria, nós saudamos os teus filhos
오 조국이여, 당신의 자손들에게 경의를 표합니다

Tombados pela nossa independência
조국의 독립을 위해 묻힌 영혼을 위해

Honramos o passado e a nossa história
지난 과거와 역사를 기리겠습니다

Construindo no trabalho um homem novo
고귀한 노동 속에 새 사람으로 거듭나며

Honramos o passado e a nossa história
지난 과거와 역사를 기리겠습니다

Construindo no trabalho um homem novo
고귀한 노동 속에 새 사람으로 거듭나며

후렴

Angola, avante!
앙골라여, 전진하라!

Revolução, pelo Poder Popular!
국민의 힘에 의한 혁명을!

Pátria unida, liberdade
하나된 조국과 자유

Um só povo, uma só nação
한 민족, 한 국가

Angola, avante!
앙골라여, 전진하라!

Revolução, pelo Poder Popular!
국민의 힘에 의한 혁명을!

Pátria unida, liberdade
하나된 조국과 자유

Um só povo, uma só nação
한 민족, 한 국가

2절

Levantemos nossas vozes libertadas
자유의 소리를 한껏 높이자

Para glória dos povos africanos!
아프리카 민족의 영광을 위해!

Marchemos, combatentes angolanos
전진하라, 앙골라의 투사들이여

Solidários com os povos oprimidos
억압받는 민중들과 연대하며

Orgulhosos lutaremos pela paz
평화를 향한 투쟁을 영광스럽게 여기며

Com as forças progressistas do mundo
온 세상의 진보적 세력과 함께

Orgulhosos lutaremos pela paz
평화를 향한 투쟁을 영광스럽게 여기며

Com as forças progressistas do mundo
온 세상의 진보적 세력과 함께

후렴 반복

앙골라 국가 듣기

앙골라에 사는
다양한 민족집단

현재 앙골라 인구는 오빔분두족*Ovimbundu* 37퍼센트, 킴분두족*Kimbundu* 25퍼센트, 바콩고족*Bakongo* 13퍼센트, 유럽 및 원주민의 혼혈 2퍼센트, 유럽인 1퍼센트, 기타 민족집단 22퍼센트로 구성되어있다.

오빔분두족은 음분두어를 사용하며 앙골라 중앙 농업 지대에 주로 거주하고, 킴분두족은 킴분두어를 쓰며 대부분 앙골라 북서부 지역에 거주한다. 바콩고족은 키콩구어를 사용하며 앙골라 북서부 콩고공화국 접경 지대에 거주하는데 그중 3분의 2가량은 콩고공화국에 산다고 한다. 유럽계와 혼혈인은 수는 적지만 고등 교육을 받은 엘리트층으로 앙골라의 정치·경제 분야의 주요 요직을 차지하고 있다.

오빔분두

● 오빔분두족

오빔분두족은 1500~1700
년대 앙골라 북부와 동부 지
역에서 벵겔라 지역으로 이동
했다. 18세기까지 왕국을 세
우지 못했지만 13개의 소규
모 민족집단을 결합해서 강
한 세력으로 발전했고, 앙골
라 중앙 내륙 지역의 무역 및 상권을 장악했다.

19세기 포르투갈은 막강한 세력을 떨치던 오빔분두족을 정
복하고, 자신들의 입지를 강화하기 위해 지도자 선출에 개입했
다. 오빔분두족은 경제권은 여성이, 정치 권력은 남성이 갖고
있어 모계와 부계 사회의 특성을 모두 갖고 있었다.

킴분두

주로 루안다, 뱅구, 콴자 술, 콴자 노르트, 말란제에 거주
하는 킴분두족의 역사는 은동고 왕국이 세워진 1400년에 시
작되었다. 16세기부터 포르투갈의 침공에 대항하던 킴분두족
은 1671년 결국 정복당했고, 많은 민족집단 사람들이 노예로

팔려나가는 아픔을 겪기도
했다. 현재 많은 킴분두족
이 생계를 위해 고향을 떠나
도시로 이주했고, 그로 인해
그들만의 전통과 문화가 약
해지고 있다.

● 킴분두족

바콩고

바콩고족은 앙골
라뿐만 아니라 콩고
민주공화국과 콩고
공화국에 거주하고,
언어는 주로 콩고어
나 프랑스어를 사용
한다. 바콩고의 문화
는 다른 앙골라의 민

● 바콩고족

족집단과 차이가 있지만 동질적인 반투 문화권 안에서 공존하
고 있다. 바콩고족은 현재의 콩고공화국 건립에도 중요한 역
할을 했다고 알려졌다.

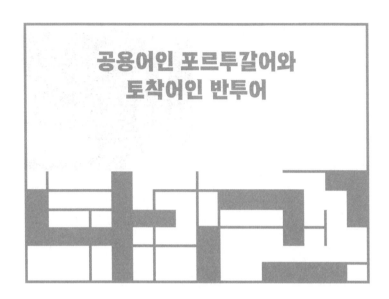

공용어인 포르투갈어와 토착어인 반투어

포르투갈어

과거 포르투갈의 지배를 받았던 앙골라의 공식적인 공용어는 포르투갈어이다. 현재 앙골라 전체 국민의 약 70퍼센트 이상이 포르투갈어를 사용하고 있고, 앙골라 정부의 공문서, 뉴스, 신문 등에서는 포르투갈어만 공용어로 사용되고 있다.

포르투갈어는 약 2억 8,000만 명이 쓰는 세계에서 여섯 번째로 많이 사용되는 언어이자 남반구에서 가장 많이 쓰이는 언어이다.[•] 현재 앙골라를 포함해 모잠비크, 상투메프린시페, 카

• 앙골라는 브라질에 이어 포르투갈어를 두 번째로 많이 사용하는 국가이다.

보베르데, 기니비사우, 적도기니가 공용어로 포르투갈어를 채택하고 있다.

영어, 스페인어와 더불어 사용 인구가 가장 빠르게 증가하고 있는 포르투갈어는 이미 유럽연합, 남미공동시장, 아프리카연합 등 여러 국제 기구의 공식 언어로 채택되었다. 유네스코는 향후 포르투갈어가 남부 아프리카의 공식 언어로 떠오를 가능성이 크다고 예상했고, 2050년까지 앙골라를 포함해 아프리카 내 포르투갈어 사용 인구는 약 8,300만 명까지 증가할 것이라고 전망했다.

반투어

사하라 이남에 사용되는 약 500개가 넘는 토착어는 모두 반투어군Bantu으로 분류된다. 반투어군은 니제르콩고어족에 포함되며 기원전 2000년쯤 지금의 카메룬 일대에서 출현한 것으로 알려졌다.

약 3,000년 전부터 '반투족의 팽창'이라고 불리는 민족 대이동이 시작되어 대대적인 남하가 이루어졌고, 그중 한 무리는 서부 아프리카로 이동해 지금의 앙골라, 콩고민주공화국, 가봉 등에 정착했다. 그중 일부는 콩고강의 줄기를 따라 남부 아프리카까지 이동했다.

반투어의 대표적인 언어로는 스와힐리어, 르완다어, 줄루어 등이 있으며 그중 스와힐리어는 아프리카연합과 동아프리카공동체의 공식 언어로 지정될 만큼 많은 인구가 사용하고 있다.

1620년부터 1750년까지 루안다에서 가장 많이 쓰인 언어는 킴분두어였다. 포르투갈이 진출하면서 일부 앙골라의 지배층이 무역을 위해 포르투갈어를 배웠으나 여전히 국민 대다수는 킴분두어를 사용했다. 그러자 포르투갈은 앙골라 사람들의 문화적, 언어적 정체성을 약화시키고 자신들과 동화시키기 위해 의도적으로 어린아이들에게 포르투갈어를 가르쳤다.

그 결과 20세기에 들어서 도시 지역을 중심으로 포르투갈어가 널리 쓰이기 시작했고, 1950년대에 이르러 앙골라 전역에 포르투갈어가 보급되었다. 앙골라식 포르투갈어에는 많은 반투어의 단어가 혼합되었고, 앙골라 문학에서도 킴분두어와 음분두어로 된 여러 작품이 존재한다.

현재 앙골라 학교에서는 공용어인 포르투갈어 수업만 있으며 반투어에 대한 공식적인 교육은 이루어지지 않고 있다. 앙골라 정부는 민족 정체성을 고취하기 위해 반투어를 보존하고 학교 수업 과목으로 도입할 의지를 나타냈지만 지금까지 실행되지는 못했다.

앙골라식 포르투갈어 알아보기

포르투갈어는 포르투갈식과 브라질식 두 가지 표준 철자법을 사용하고 있다. 앙골라식 포르투갈어는 보통 포르투갈식 철자법에 가깝지만 발음은 브라질식에 더 가깝다고 알려졌다.

포르투갈 및 브라질 스타일과 분명한 차이가 있는 앙골라식 포르투갈어의 여러 단어는 토착 언어의 영향을 많이 받았다.

의미	앙골라	포르투갈	브라질
아침 식사	마따 비슈 *Mata-bicho*	뻬꿰누 알모쑤 *Pequeno-almoço*	카페 다 만냐 *Café da manhã*
소녀	은보아 *Mboa*	하빠리가 *Rapariga*	가로따 *Garota*
땅콩	진구바 *Jinguba*	아맨도임 *Amendoim*	아맨도임 *Amendoim*
고추	진둔구 *Jindungo*	삐리삐리 *Piripíri*	삐맨따 *Pimenta*
버스	마심봄부 *Machimbombo*	아우뚜까후 *Autocarro*	오니부스 *Ônibus*
냉장고	젤레이라 *Geleira*	프리고리피꾸 *Frigorífico*	젤라데이라 *Geladeira*
빈민가	무쎄끄 *Musseque*	바이후 드 라따 *Bairro de lata*	파벨라 *Favela*

함께 생각하고 토론하기

앙골라는 사하라 이남 지역에서 산유국 2위이자 다이아몬드, 철광석, 구리, 금, 보크사이트 등 다양한 천연자원을 보유하고 있습니다. 아프리카에서 일곱 번째로 큰 영토에 농업이 가능한 넓은 경작지가 있으며 긴 해안선을 따라 수산 자원도 풍부합니다. 경제 활동이 가능한 젊은 인구층도 두텁기 때문에 향후 성장 잠재력 또한 높습니다.

● 앙골라에서 가장 가치 있는 자원은 어떤 것이라고 생각하나요? 그 이유는 무엇인지 이야기해 봅시다.

●● 풍요로운 자원, 넓은 영토, 젊은 인구 등 국가 발전에 유리한 조건을 가진 앙골라에 절대 빈곤층이 많은 이유가 무엇인지 생각해 봅시다.

2부
앙골라
사람들의 이모저모

평범한 사람은 사람들에 대해서 논하고,
공통된 것들은 사실에 대해서 논한다.

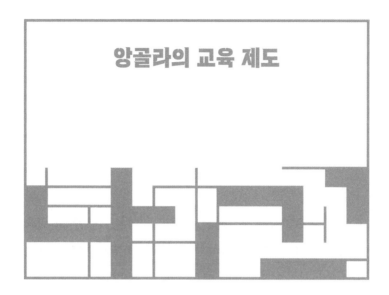

앙골라의 교육 제도

교육은 우수한 인적 자원을 양상시켜 한 국가의 경쟁력을 강화하는 데 매우 중요한 역할을 한다. 우리나라의 경우 가난 속에도 교육의 중요성을 잊지 않았고, 훌륭한 인적 자원을 기반으로 민주주의와 경제 성장을 동시에 이룩했으며 세계 문화 예술을 선도하는 현재에 이르렀다. 교육을 국가 발전의 원천으로 만들었던 우리나라 사례는 다른 개발 도상국에 시사점을 충분히 줄 수 있다.

동서고금을 막론하고 교육의 중요성은 역사적으로 늘 중시되어왔다. 다만 각자의 전통과 문화에 따라 어떤 목적과 가치를 두고 교육했는지가 다를 뿐이다. 그러면 앙골라는 미래 세대를 위해 어떤 교육을 하고 있는지 살펴보자.

앙골라의 교육부는 취업 및 직업 훈련과 관련한 공공 기관과 함께 교육 훈련 프로그램을 개발하고 실행하는 역할을 담당한다. 다만 대학 교육의 경우 2010년부터는 앙골라 고등교육과학기술부가 담당하고 있다.

앙골라 정부는 교육부 직속 기관으로 교육개발연구원을 설립해 교육 프로그램과 교과서, 교육 도구 등을 제작하고 교육부 내 각 교육 과정을 담당하는 부서와의 긴밀한 협력을 통해 국가 학업성취도 평가 시스템을 확립하는 역할을 수행하고 있다. 교육부 밑으로 지방별로 위임 행정 기관인 학교운영위원회를 설치해 운영하고 있으며, 교장이 관리자 역할을 맡고 위원회를 주재한다.

앙골라는 1979년 초등교육 무상 의무교육제를 도입했다. 의무 교육 기간은 9년이며, 첫 취학 나이는 만 6세이다. 학제는 초등교육 6년(1~6학년), 중등교육 제1과정 3년(7~9학년), 중등교육 제2과정 3년(10~12학년)으로 이루어지며 대학은 보통 4년제이다.

1975년 독립 당시 성인 문맹률이 85퍼센트를 상회했으나 1985년 64퍼센트, 2007년 33퍼센트, 2010년 29.9퍼센트, 2017년 25퍼센트로 점차 개선되는 추세를 보이고 있으며, 2006년 정부에서 10개년 문맹 퇴치 계획을 수립해 문맹률

● 아고스티뉴네투대학교

을 10퍼센트 미만으로 줄이려는 노력을 계속해 나가고 있다.

참고로 앙골라에서 가장 유명한 대학은 초대 대통령의 이름을 딴 아고스티뉴네투대학*Universidade de Agostinho Neto*이며 현 부통령인 이스페란싸 다 코스타*Esperança da Costa*, 전 부통령인 마누엘 빈센트*Manuel Vicente*와 난도 두스 산투스*Nandó dos Santos*를 비롯한 앙골라의 유명 인사들을 배출했다.

제대로 된 교육의 혜택을 받지 못하는 국민

오랜 내전으로 앙골라 국민은 정상적인 학교 교육을 받을 수 없었다. 당장의 생존과 생계의 문제를 감당하기도 버거운 실정이었기 때문이다. 전쟁으로 교육 시설 대부분이 파괴되었고 정부 예산 부족으로 제대로 된 교육 기자재 수급이 어려웠다. 특히 자격을 제대로 갖춘 교사가 턱없이 부족해 교사 한 명당 과도한 학생들이 배정되었다. 심지어 교사의 급여 수준마저 열악했다. 현재도 교육 인적 자원 확보는 앙골라 교육계의 큰 화두이며, 농촌 지역의 상황은 훨씬 더 열악해 도시와 농촌과의 교육 격차는 심각하게 벌어져 있다.

앙골라를 비롯한 아프리카의 개발 도상국 대부분은 교육 분야에서 외부 지원 의존도가 높은 편이며 부족한 교사와 제한적인 예산으로 기초 교육에 집중할 수밖에 없다. 국가 경쟁력 확보를 위해 고등교육에 투자를 아끼지 않는 선진국과 대조적으로 고등교육을 위한 기관 확충, 교원 양성 및 커리큘럼 개발에 대한 중요성이 떨어지는 실정이다. 반면 앙골라 상류층 자녀들은 대부분 국내가 아닌 미국과 유럽 같은 선진국에 유학을 가서 양질의 교육을 받고 있다.

앙골라는 중산층 이상인 경우에도 국내 대학에 진학하기가 어렵다. 나의 앙골라 동료는 대학 면접 심사 때 부모의 신분에 관한 질문을 받았고 성적과 상관없이 집안의 재력이 합격에 큰 영향을 미친다고 했다. 이처럼 공정하지 못한 기회와 양극화로 교육을 통한 신분 상승의 기대치가 매우 낮은 편이고 이는 앙골라의 발전에 큰 장애가 되고 있다.

대다수의 앙골라 서민층 학부모은 힘든 생계를 감당하면서도 자녀 교육에 대한 의지를 갖고 있다. 한국전쟁 후 가난 속에서도 자녀 교육에 희망을 걸었던 대한민국의 부모처럼 그들 역시 어려운 환경에서도 자녀 교육만큼은 포기하지 않았다. 앙골라 정부 차원에서도 부존자원의 경제적 효과를 극대화하고자 고등교육의 개선을 통해 인재 개발과 기술력 확보를 위해 노력하고 있다.

나는 앙골라의 미래는 석유나 천연자원 아닌 미래 세대를 위한 교육에 달려있다고 확신한다. 유망한 앙골라 청년들이 교육을 포기하고 생계를 위해 길거리로 나서는 모습은 늘 가슴을 시리게 한다. 기본적인 교육의 기회를 받고, 양질의 일자리를 얻을 수 있다는 확신을 가질 수 있을 때 앙골라의 미래 세대는 잠재력을 만개할 수 있을 것이다. 부디 국가의 부가 선택받은 소수가 아닌 미래 세대의 발전을 위해 쓰여 앙골라의 미래가 더욱 밝아지기를 기대한다.

공을 사랑하는 앙골라 사람들

앙골라의 국민 스포츠, 축구

앙골라의 국민 스포츠는 축구이다. 아프리카 축구는 큰 주목을 받지 못한 시절도 있었지만 오늘날의 아프리카 축구 선수들은 타고난 신체 조건과 유연성을 앞세우며 비상하고 있다.

앙골라 축구 국가 대표팀은 '팔랑카스 네그라스*Palancas Negras*', '검은 영양들'이라고 불린다. 붉은색 바탕에 검은 영양이 대표팀의 상징이다. 앙골라는 이탈리아 명문 라치오 출신인 바스토스 키쌍가*Bastos Quissanga*, 포르투갈 유명 클럽인 스포르팅 CP의 브루누 가스파르*Bruno Gaspar*, 독일 마인츠 05의 안데르손 루코퀴*Anderson Lucoqui* 등 유럽 빅리그에서 활약하는 선수들을 다수

보유하고 있다. 최근 2021년 리즈 유나이티드 FC의 엘데르 코스타*Helder Costa*는 청소년과 시니어 포르투갈 국가 대표로 활약하다가 앙골라 국적을 선택하면서 대표팀에 합류했다. 프랑스 우승의 주역 중 하나이자 명문 클럽인 PSG와 유벤투스에서 활약했던 블라이즈 마튀디*Blaise Matuidi*

● 앙골라 축구 국가 대표팀의 문장

도 앙골라 혈통이다. 최초의 난민 출신 K-리거 풍기 사무엘*Pungi Samuel*의 국적 역시 앙골라로, 2020년 포항 스틸러스에 영입되며 화제가 된 적이 있다.

하지만 앙골라 축구 국가 대표팀의 국제 무대 성적은 아직까지 미미하다. 앙골라는 유일하게 2006년 독일월드컵 본선에 진출했고, 2무 1패로 16강 진출에는 실패했다.●

2010년 앙골라는 아프리카네이션스컵을 개최했다. 약 10억 달러의 예산을 들여 4만 석 규모의 경기장 한 곳과 2만 5,000석 규모의 경기장 세 곳을 신설했고, 개막전과 결승전을 치른 '루안다 11월11일경기장*Estádio 11 de Novembro*'은 도시의 상징적인 건축

● 당시 앙골라의 FIFA 랭킹은 57위로 본선 진출 32개국 중 최하위 토고 다음으로 낮았다.

● 앙골라 축구 국가 대표팀

물 중 하나가 되었다. (참고로 11월 11일은 앙골라가 포르투갈에게서 독립한 날이다.) 아프리카에서 최초로 열린 2010 남아프리카공화국 월드컵과 같은 해에 열려 많은 주목을 받았지만 카빈다에서 발생한 테러가 경기보다 더 큰 이슈가 되었다.

아프리카의 농구 강국

앙골라는 2023년 9월 기준 국제농구연맹*FIBA, International Basketball Federation* 랭킹 34위에 위치할 정도로 농구 강국이다. 1992년 바르셀로나올림픽에 첫 출전한 이후 올림픽에 다섯 번 진출했고, 농구월드컵 역시 일곱 번 참가했다. 한국 농구 대표팀과의 역대 전적은 3승 1패로 큰 우위를 점하고 있고, 4점 차로 아슬아슬하게 진 1994년 세계농구선수권대회를 제외하고는 넉넉한 점수 차로 승리를 거두었다.

미국 NBA에서 활약 중인 브루누 페르난데스*Bruno Fernandes*는 루안다에서 태어나 미국 스카우터들에게 발탁되어 2019년 NBA 드래프트에서 34순위로 필라델피아 세븐티식서스에 지명되었는데 이는 앙골라 선수로서는 최초로 NBA 드래프트에서 지명된 사례였다. 2016년 FIBA 아프리카 U-18 챔피언십에 참가해 맹활약했고, 대회 우승과 더불어 최우수선수와 득점왕을 차지했다. 이후 애틀랜타 호크스로 팀을 옮긴 브루누 페르난데스는 2019-20 시즌 14득점 12리바운드를 기록하며 데뷔

● 앙골라 농구 국가 대표팀

첫 더블 더블을 달성했다. 2021-22 시즌 휴스턴 로키츠로 트레이드되었으나 2022-23 시즌 다시 애틀랜타 호크스로 복귀해 활약 중이다.

공으로 하나가 되는 앙골라 사람들

앙골라 사람들은 국제대회 성적과는 상관없이 공으로 하는 스포츠를 진정으로 좋아하며, 이를 통해 하나가 되는 사람들이라고 생각한다. 공 하나로 아이들은 시간 가는 줄 모르고 하루를 보내고, 축구 경기가 있는 날이면 TV가 있는 곳으로 삼삼오오 모여 각자 좋아하는 팀을 열정적으로 응원한다.

나 역시 앙골라 동료들과 체육대회를 열어 축구와 족구를 즐겼고, 2018 러시아월드컵에 출전한 한국 대표팀을 앙골라 친구들과 한목소리로 응원했던 추억이 있다. 비록 16강에서 떨어졌지만 당시 FIFA 랭킹 1위의 축구 강국 독일을 한국이 2대 0으로 이겼을때 주변에 있던 모든 앙골라 사람들에게서 열렬한 축하를 받았다. 앙골라 사람들과 자연스럽게 교류하고 싶다면 공과 함께 친해지는 것을 추천한다.

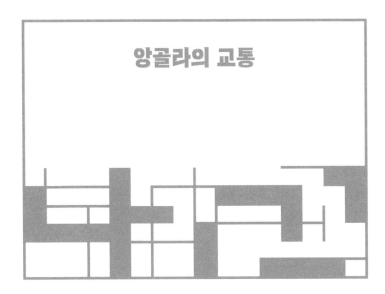

앙골라의 교통

앙골라는 대중교통을 이용하기도 어렵지만 운전하기도 만만치 않다. 정부는 전후 복구 사업을 통해 수도와 지방 도시를 잇는 도로망 구축 및 보수를 진행하고 있지만 아직도 대부분의 도로는 비포장 상태이다.[*] 네비게이션으로 목적지의 최단 거리를 찾는다 해도 도로 상태에 따라 이동 시간이 훨씬 지연될 수 있다.

루안다의 경우 전력 수급이 원활하지 않아 시내 주요 도로의 신호등이 꺼져있는 경우가 허다하고 합법적인 주차 공간이 많지 않아 주차도 수월하지 않다. 또한 도심 곳곳에는 교통경

---

[*] 내전 피해와 자연재해로 도로 포장률은 10퍼센트 수준이다.

찰들이 배치되어있으며 특히 외국인의 경우 집중 단속의 표적이 되기도 한다.

앙골라는 오랜 내전으로 도로, 항만, 철도 등 기존의 교통 인프라가 크게 파손되었다. 아직도 앙골라 정부는 교통 인프라를 복구하기 위해 노력하고 있다. 재정 운영 실패와 더딘 행정 체계로 인해 난항을 겪고 있지만 열악한 인프라 속에도 여러 교통수단이 발달하고 있다. 앙골라 사람들은 주로 어떤 교통수단을 이용하는지 알아보자.

칸돈게이루

앙골라 사람들이 가장 많이 이용하는 대중교통은 소형버스의 일종인 칸돈게이루*Candongueiro*이다. 칸돈게이루는 이용료가 매우 저렴하고 정해진 거점들을 중심으로 운행한다.

보통 기사와 호객꾼이 한 팀으로 다니며 일정 수의 승객을 모은 후 다음 목적지로 이동한다. 다만 버스와 다르게 일정 금액을 지불하면 정거장이 아닌 원하는 장소에서 하차할 수 있다. 보통 지정된 장소에 모여있지만 정류소가 제대로 갖추어지지 않아 칸돈게이루가 모여있는 지점은 항상 호객꾼과 많은 탑승객으로 혼잡하다. 길을 모르면 원하는 목적지에 도착하기가 힘들고 환승도 어려워 외국인들은 이용하기 어렵다.

● 칸돈게이루 정류소

　도시 지역에는 버스, 택시, 오토바이 등 다른 대중교통 수단
도 있지만, 현지인들은 비용이 저렴하고 이용 접근성이 좋은
칸돈게이루를 가장 선호한다.

철도 교통

　앙골라에는 포르투갈 식민 시대부터 건설된 총 2,852킬로
미터의 철도가 있으나 오랜 시간 동안 관리 및 보수가 이루어
지지 않아서 낙후된 상태이다. 최근 여러 철도 개발 및 개선 프
로젝트가 정부와 해외 투자로 활발히 이루어지고 있다. 대표적

● 앙골라 기차

으로 벵겔라철도CFB, Caminhos de Ferro de Benguela 개선 사업이 있
는데 총 20억 달러의 예산을 투입하여 기존 노선을 국제 규격
으로 보수 및 신설하는 프로젝트이다. 이 사업이 완성되면 연
400만 명 이상의 승객을 유치하고 2,000만 톤 이상의 화물 운
송이 가능할 것으로 전망하고 있다.

앙골라는 지정학적 특성상 많은 인접 국가와 국경을 맞대고
있어 철도에 대한 잠재력이 매우 크다. 2018년 벵겔라 주와 콩
고민주공화국과 잠비아를 잇는 총 1,344킬로미터 철도에 대한
현대화와 재건 사업을 완료했다. 이 사업을 통해 36년 만에 앙
골라 로비투 지역을 거쳐 콩고민주공화국의 카탕가 지역과 북
부 잠비아 코퍼벨트 지역의 광물을 대서양까지 수송하는 육상

수출의 통로를 확보했다.

또한 중국 자금을 통해 2019년 7월 아프리카 동부와 서부를 횡단하는 관광 열차가 개통되었다. 이 열차는 탄자니아를 출발해 잠비아, 콩고민주공화국, 앙골라를 12일 동안 횡단한다.

해상 교통

대서양을 접하고 있는 앙골라의 주요 수출입 창구는 항만이다. 국내에서 생산되는 광물, 수산물, 농작물 등이 해상을 통해 활발히 수출되고 있다.

● 루안다 항구

가장 규모가 큰 루안다 항구에는 약 80퍼센트의 수출 물량이 편중되어있다. 이러한 문제로 2014년 앙골라 교통부는 제2의 항구인 로비투에 총 18억 달러 규모의 항만 현대화 사업을 실시했으나 아직까지 큰 성과를 거두지는 못했다.

또한 앙골라 정부는 2019년 일본국제협력은행JBIC, Japan Bank for International Cooperation과 앙골라 나미브 항구의 인프라 개선을 위해 6억 달러 투자 계획을 발표했다.

항공 교통

앙골라를 대표하는 공항은 루안다에 위치한 '2월4일국제
공항*Aeroporto Internacional 4 de Fevereiro*'이다. 1951년 건설을 시
작해 1954년 개장한 2월4일국제공항은 독립 전에는 포르투
갈의 공군 기지로 활용되었다. 포르투갈에게서 독립한 후 앙
골라 정부는 1976년 국가무쟁투쟁의 날인 2월 4일을 공항 이
름으로 명명하고 내전이 끝난 2002년부터 본격적으로 시설
확장 및 복구공사를 시작했다.

현재까지 2월4일국제공항은 앙골라 최대이자 서남부 아프
리카 공항 중에서도 손꼽히는 규모이다. 루프트한자, 에어프랑
스, 에미레이트항공, 남아프리카공화국항공, 나미비아항공 등
주요 항공사의 비행기가 정기적으로 취항하고 있다.

하지만 기존 2월4일국제공항이 노후되고 더이상의 확장이 어
려워지자 앙골라 정부는 비아나시 봉 제수스 지역에 신공항 건설
을 추진했다. 신공항 건설은 조제 에두아르두 두스 산투스 정부
시절인 2013년에 시작되었고, 오랜 공사 끝에 2023년 11월 10일
에 개장했다. 신공항의 이름은 국부로 추앙받는 초대 대통령의
이름을 따서 '안토니우아고스티뉴네투박사국제공항*Aeroporto*

● 2월4일국제공항

● 안토니우아고스티뉴네투박사국제공항

Internacional Dr. António Agostinho Neto'으로 명명되었다.

2023년 10월 31일 앙골라 정부가 발표한 것에 따르면 신공항 여객 터미널의 총면적은 1,324헥타르(13.24제곱킬로미터)로[•], 세계 주요 공항과 비슷한 수준의 시설 인프라, 운영 및 보안 시스템을 갖추었다. 총 건설 비용으로 약 25억 유로가 들었는데 그중 중국에게서 약 12억 유로를 조달했고, 공사도 거의 대부분 중국의 기술과 노동자가 동원되었다.

안토니우아고스티뉴네투박사국제공항은 연간 1,500만 명의 승객을 수용하고 5만 톤의 화물을 처리할 수 있도록 설계되었다. 앙골라 교통부는 2024년 1분기 말부터 국내선 운항이 시작될 예정이고, 3분기부터는 국제선도 운항될 것이라고 발표했다.

● 인천국제공항의 규모는 56제곱킬로미터이다.

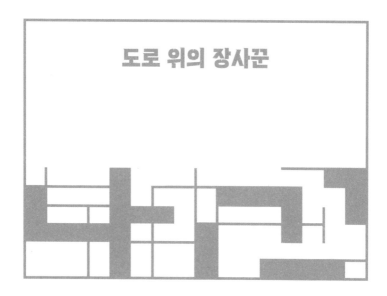

도로 위의 장사꾼

온갖 물건을 내다 파는 도로 위의 장사꾼들

　요즘은 보기 힘들지만 과거 우리나라 역시 명절이나 휴가철이 되면 정체된 자동차 사이로 장사꾼들이 뻥튀기나 찐 옥수수 같은 것들을 들고 다니며 팔았던 적이 있다. 앙골라 역시 도로 사정이 좋지 않고 도시와 근교를 오고 가는 출퇴근 차량으로 늘 교통 정체가 발생하는 터라 차들이 북적이는 도로 위에는 온갖 물건을 파는 장사꾼들이 나타난다.

　거리의 장사꾼들은 말 그대로 별의별 물건을 갖고 나오는데 과일, 빵, 커피, 탄산음료와 같은 식품부터 신문, 음악 CD, 휴대폰 케이블, 의류, 청소 도구, 플라스틱 용기까지 다양하다. 심지어 살아있는 동물까지 판매하는데 강아지나 금붕어, 토끼는 물론 불법으로 포획한 원숭이나 희귀종 새와 같은 야생동물을 팔아 사회적인 문제가 되기도 했다. 앙골라 경찰들은 불법 야생동물 판매를 금지하기 위해 대대적인 단속에 나서기도 했다.

목숨을 건 장사

출퇴근 시 앙골라의 도로 사정은 혼잡 그 자체이며 많은 운전자가 제한 속도나 신호를 지키지 않는다. 장사꾼들은 생계를 위해 이러한 정체된 차량 속을 비집고 돌아다니는데, 이때 무단횡단이나 갑작스레 속도를 올리거나 방향을 바꾸는 차량으로 인해 큰 사고를 당하기도 한다. 실제로 물건을 팔다가 사고를 당한 장면을 몇 번 목격하기도 했다. 설상가상 사고가 발생하는 지점은 대개 정체된 도로여서 구급차를 부르거나 신속히 병원으로 이송하는 것도 어려웠다.

도로 위의 장사꾼들 역시 이와 같은 위험에 대해 누구보다 잘 알고 있다. 하지만 생계와 가족을 위해 이 순간에도 도로 위를 뛰어다니며 목숨을 건 장사를 계속하고 있다.

앙골라 통계청은 2022년 국내 근로자의 80퍼센트가 비정규직으로 일하고 있고, 그중 여성 근로자의 경우는 88퍼센트에 달한다고 발표했다. 경제 위기가 계속되고 양질의 일자리가 줄어들수록 도로 위의 장사꾼들은 더 늘어날 전망이다.

도로 위의 장사꾼들이 늘어나고 사회적인 이슈로 부각되자 루안다 주정부는 2018년부터 노점 상인 허가증을 발급하기 시작했다. 주정부 관계자는 루안다 지역의 상인 조직과 소규모 지역 경제를 보호하는 취지로 노점 상인 합법화를 추진했다고 밝혔고, 합법적인 상업 활동을 할 수 있도록 노점 상인들이 자발적으로 허가증을 발급받을 것을 독려했다. 노점 상인 합법화는 루안다 주 전역에서 진행하고 있으며 루안다 주정부는 등록을 마친 노점 상인의 엄선된 상품을 대상으로 한 달에 두 번씩 정기적인 장터Feira를 열 예정이라고 발표했다.

도로 위의 장사꾼은 대부분 젊은 청년들이다. 그들을 위해 노점과 장터를 열어주는 것도 좋지만 근본적으로는 교육과 취업 기회를 열어주어야 한다. 정부는 청년 계층의 교육과 직업 훈련에 대한 투자와 지원을 아끼지 말아야 하며 다양한 분야의 산업군에서 양질의 일자리 창출할 수 있도록 노력해야 할 것이다.

● 위험한 도로에서 물건을 파는 장사꾼들

● 노점상 허가증을 전달하는 모습

세계에서 생활비가
가장 비싼 도시

서울보다 비싼 루안다의 물가

세계적인 컨설팅 기업 머져*Mercer*가 2017년 실시한 해외 주재원 생계비 조사 결과 앙골라의 수도 루안다는 세계에서 가장 물가가 비싼 도시에 선정되었다. 전 세계 5개 대륙 209개 도시에서 주재원이 주로 이용하는 주거, 교통, 음식, 의류, 생필품 및 여가비 등 200여 개 품목의 가격을 비교해 순위를 매긴 조사에서 루안다는 서울을 포함해 뉴욕, 파리, 런던, 도쿄 등 세계적인 도시를 모두 제치고 선두를 차지했다.

앙골라에 처음 방문한 사람들은 상상을 초월하는 숙박비와 식비, 생활 물가에 놀란다. 하지만 늘 높은 물가가 유지되는 선

진국의 주요 도시들과 달리 앙골라는 들쑥날쑥한 인플레이션
으로 한 치 앞의 물가도 예상하기가 어렵다. 이에 앙골라 정부
는 수입품에 대한 관세를 인상해 석유에만 의존하는 경제 구
조를 다변화하고 자국 내 농산업을 활성화해 물가 안정을 도
모했지만 결국 실패했다.

루안다에서 생활하면서 내가 느꼈던 앙골라의 실제 물가는
서울과 비교해 상품에 따라 비슷한 수준 또는 약간 더 비싼 정
도였다. 하지만 가격보다 원하는 상품을 사기 위해 마트나 시
장을 찾아다니는 것이 더 어렵게 느껴졌다. 국내에서 생산하

2017 머셔 해외 주재원 생계비 조사

순위		도시	국가
2016	2017		
2	**1**	**루안다**	**앙골라**
1	2	홍콩	홍콩
5	3	도쿄	일본
3	4	취리히	스위스
4	5	싱가포르	싱가포르
15	6	서울	대한민국
8	7	제네바	스위스
7	8	상해	중국
11	9	뉴욕	미국
13	10	베른	스위스

출처: 머셔

는 농수산물은 비교적 가격 변동이 적었지만 수입 공산품의 가격은 환율에 따라 변동이 심했고 품귀 현상이 빈번하게 발생했다. 마트마다 백설탕이 떨어져 한 달 만에 간신히 구한 적도 있고, 생수 가격이 급등해 평소보다 네 배 이상 비싸게 구매한 적도 있다.

단기 비즈니스 출장자는 앙골라의 높은 물가를 더욱 실감할 수밖에 없다. 대부분 치안 문제로 안전한 위치의 호텔 숙박비와 이동을 위한 차량 렌트비로 많은 비용을 지출해야 하기 때문이다. 기본적으로 외국인이 갈 만한 음식점도 많지 않지만 식사 비용 역시 만만치 않다. 다른 아프리카 국가를 다녀본 출장자들은 상대적으로 높은 루안다의 물가에 놀라곤 했다.

앙골라 사람들의 높은 구매력과 소비 욕구

높은 물가와 소득 불균형에도 앙골라 소비자들의 구매력과 소비 욕구는 엄청나다. 대표적인 대형 마트인 케루*Kero*와 숍라이트*Shoprite*에는 쇼핑하러 온 사람들로 북적이며, 신시가지인 탈라토나의 쇼핑센터에는 글로벌 기업들의 다양한 상품이 가득하다. 양보다는 질을 중시하는 소비자가 늘어가는 추세이고, 높은 가격의 상품들도 진열하기 무섭게 팔려나간다.

특히 자동차와 스마트폰의 가격은 일반 국민의 소득으로는 감당하지 못할 정도로 높게 책정되었는데도 신상품의 인기는 매우 높다. 인기 많은 자동차 모델은 몇 달을 기다리더라도 구매하려고 줄을 선다. 젊은 소비자들은 신상 스마트폰의 기능과 가격에 관심이 많다. 삼성이 새로운 스마트폰을 출시하는 시기에는 나보다 먼저 신상품 정보를 파악하고 출시 시기나 새로운 기능에 대해 묻는 현지 사람이 꽤 많았다.

노벨 경제학상을 수상한 아비지트 베너지Abhijit Banerjee와 에스테르 뒤플로Esther Duflo 의《가난한 사람이 더 합리적이다》에는 '가진 것이 적을수록 선택은 더욱 신중해진다'라는 삶의 기본 원리가 담겨있다. 낮은 임금과 높은 물가 속에 고통받으면서도 루안다 시민들은 각자의 합리적인 소비 방법을 체득하고 있다.

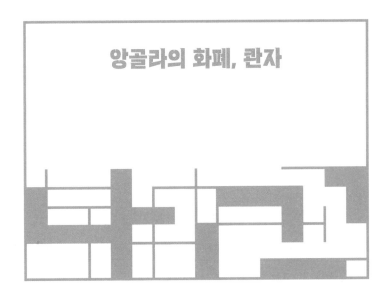

앙골라의 화폐, 콴자

　화폐에는 국가를 대표하는 인물, 상징 등이 그려져 있어 가장 손쉽게 구할 수 있는 역사적 유물이라고도 한다. 화폐의 디자인, 소재, 단위의 변화를 공부하면 경제학, 역사학, 금속학 등 다양한 교육적 효과를 기대할 수 있다. 그런 이유로 화폐 수집가들은 화폐 수집이야말로 전 세계 문화와 역사를 모으는 것이라고 생각한다. 우리도 앙골라 화폐를 통해 앙골라의 경제와 역사를 배워보면 어떨까?

　현재 앙골라에서 공식적으로 쓰고 있는 화폐는 '콴자*Kwanza*'이다. 첫 번째 콴자는 1975년 독립 후 처음 도입되어 1990년까지 사용되었다. 이후 심각한 물가 상승을 억제하기 위해 1990년부터 1995년까지 '신콴자'가 도입되었다. 하지만 신콴자 도입 후에도 물가는 안정되지 않았고 다시금 '재조정 콴자'가 도입되었으나 물가 상승은 계속되었다.

결국 1999년 현재 사용하고 있는 두 번째 콴자가 도입되었다. 도입 직후에는 물가 상승이 여전했지만 다행히 이후 화폐 가치가 안정되어 지금까지 사용되고 있다.

앙골라의 지폐

앙골라의 모든 지폐 앞면에는 초대 대통령인 아고스티뉴 네투와 두 번째 대통령인 조제 에두아르두 두스 산투스를 새겨두었다. 앙골라 지폐는 색깔과 뒷면의 그림으로 구분할 수 있다. 가장 많이 쓰이는 지폐는 100, 500, 1000, 2,000, 5,000콴자이다. 2024년 1월 기준 100콴자는 우리 돈으로 161원이다.

● 앙골라 지폐

● 1,2대 대통령 얼굴을 새겨놓은 앙골라 지폐

동전

앙골라의 동전은 50센타부스*부터 2022년 4월에 발행된 200콴자까지 총 여덟 가지 종류가 있다. 앞면에는 화폐 단위가 적혀있고, 50센타부스와 1콴자에는 앙골라 국립은행의 상징, 5콴자와 10콴자에는 앙골라 국장이 있다. 20콴자에는 민족의 영웅인 은징가 여왕이 있고, 50콴자와 100콴자에는 국기를 게양하고 있는 군인과 농민이 새겨져 있다. 최근 추가된 200콴자에는 화해와 통합을 상징하는 포옹하는 두 사람이 있다.

● 앙골라의 동전

● 센타부스Centavos는 콴자 아래 단위로, 100센타부스는 1콴자이다.

반투인의 화폐

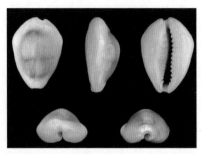

● 은짐부 조개 껍질

콩고 왕국에서는 '은짐부 *Nzimbu*' 또는 '짐보*Zimbo*' 라고 불리는 조개 껍질을 화폐로 사용했다. 조개 화폐는 올리벨라 나나라는 바다달팽이 종류로 루안다 해안에서 주로 서식했고, 1~2센티미터 정도의 작은 크기였다. 콩고 왕국은 개인이 은짐부 조개를 채취하는 것을 엄격히 금했다. 은짐부 조개는 콩고 왕국의 공식적인 법정 통화로, 조개 한 개를 통화 단위 1로 사용했다.

15세기 포르투갈이 노예 무역을 위해 콩고 왕국과 거래할 때도 금은을 사용하지 못해 결국 현지 통화인 은짐부 조개를 쓸 수밖에 없었다. 1651년 콩고 왕국의 가르시아 2세*Garcia II*는 1651년 루안다를 포르투갈에 양도하면서 은짐부 조개를 더 이상 생산할 수 없게 되었고 대신 라피아라는 야자수 나무로 만든 옷감인 음푸수를 화폐로 사용했다.

우리나라의 고대 사회에서도 휴대하기 쉽고 가벼운 조개 껍질을 소금, 가죽, 옷감, 동물의 뼈와 같이 통화로 사용했다. 중국도 기원전 3,000년경부터 최초의 화폐로 외양이 화려하고 견고한 바다조개를 사용했다. 현재 돈과 재물이 관련된 한자어에는 조개 '패(貝)'자가 붙어있고, 이는 고대부터 조개 껍질을 화폐로 사용한 것에서부터 유래한다.

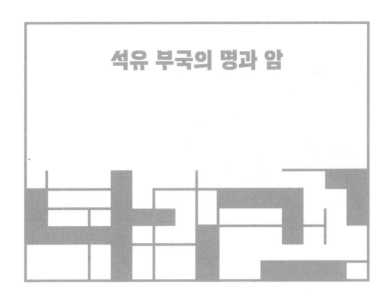

석유 부국의 명과 암

국제 유가의 하락과 찾아온 경제 위기

고성장을 계속하던 앙골라는 2013년 하반기 이후 국제 유가 하락과 세계 경기 침체로 인해 경제 성장률이 점점 감소하기 시작했고, 석유 탐사에 대한 투자 및 개발 전략 부재로 최근 5년간 원유 일산량이 지속적으로 감소하고 있다. 심지어 저유가가 지속되면서 2016년에는 석유 부문뿐만 아니라 비석유 부문의 성장까지 맞물리면서 2019년까지 4년 연속 마이너스 성장을 기록하는 침체기를 겪었다.

석유 수출에 대한 의존도가 매우 높은 앙골라 경제에 저유가의 장기화는 치명적이었으며 석유로 인한 세입 감소는 심

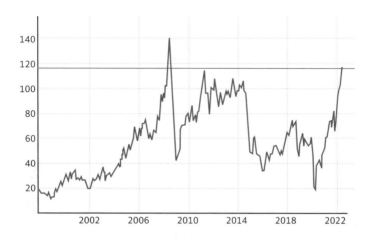

● 1998~2022 국제 유가 연간 변화 분석표

각한 재정 적자 및 인플레이션을 유발했다. 앙골라 정부는 석유 의존도를 낮추고자 비석유 부문의 산업을 활성화하려고 노력했지만 석유 수출은 국가 경제 전체를 좌지우지할 정도로 비중이 높다. 실제 앙골라뿐 아니라 석유를 생산하는 대부분의 개발 도상국들은 석유 부문에만 의존하는 경제 구조를 갖고 있으며 국제 유가 및 수요 변동 등 대외적 영향에 매우 취약한 상황이다.

미국과 유럽의 대형 석유회사들은 막강한 자본력과 기술력을 앞세워 개발 도상국의 석유 개발시장을 독점하고 있고, 앙골라 역시 셰브론*Chevron*, 엑슨 모빌*Exxonmobil*, 토탈에너지*Total Energy*, BP 등이 오래전부터 진출해 석유 자원 개발과 생산에 큰 영향력을 갖고 있다.

특히 중국은 내전이 종료된 후 안정적인 석유 자원 확보를 목표로 앙골라 석유 산업에 대대적인 지원을 아끼지 않았다. 2016년과 2017년의 몇 달간은 앙골라가 사우디아라비아를 제치고 대중국 최대 석유 수출국이 된 적이 있고, 석유 수출 증가에 힘입어 현재 앙골라는 남아프리카공화국에 이어 아프리카 내 중국의 두 번째 교역국이 되었다. 중국은 대규모 차관을 제공해 도로·항만·철도·학교·병원 건설과 같은 인프라 구축에 투자하는 대신 앙골라산 원유를 확보했고, 중국 국영기업들이 사업을 수주해 건축 설비와 자재 그리고 중국인 노동자까지 앙골라에 대거 유입되었다. 석유 수출을 대가로 중국 정부가 앙골라에서 추진한 인프라 사업은 부실 공사와 부패 사건으로 논란이 많았고, 중국인 사업가들이 앙골라 노동자를 학대하고 차별하면서 사회적 문제를 일으키기도 했다.

석유로 인한 문제는 내부에도 발생했다. 앙골라 최대 석유 생산지인 카빈다는 콩고민주공화국과 콩고공화국에 둘러싸여 있는 월경지(越境地)로 늘 영토 분쟁의 중심에 있다. 1885년 응고요 왕국은 카빈다에 대한 권리를 보전하는 조건으로 조약을 맺고 포르투갈의 식민지로 편입되었다. 그 후 약 70년 동안 앙골라와 별개의 포르투갈 식민지가 되었으나 1956년 포르투갈은 조약을 깨고 카빈다를 앙골라에 편입시켜 버렸다.

카빈다의 주민은 포르투갈의 일방적 결정에 저항하고 앙골라는 권리가 없으며 자신들은 자결권을 가진다고 주장했다. 그로 인해 1974년 앙골라는 포르투갈에게서 독립을 선포하고 그해 카빈다를 침공해 주요 도시를 점령한 후 그 주변 지역까지 장악했다. 이 분쟁은 내전으로까지 이어지며 거의 30년을 이어왔으나 앙골라는 석유 생산의 대부분을 책임지는 카빈다를 절대 포기하지 못하는 처지였다. 심지어 인접국인 콩고민주공화국까지 분쟁에 개입했고, 카빈다에서 개최된 2010 아프리카 네이션스컵 기간에 분리독립주의자들이 토고 축구 국가 대표팀의 버스를 공격해 토고팀 코치와 대변인 그리고 앙골라 운전기사가 사망하는 사건까지 발생했다.

네덜란드병에 걸린 앙골라

'네덜란드병*Dutch Disease*'은 자원을 많이 보유한 국가의 경쟁력이 역설적으로 자원이 없는 국가보다 더 떨어지는 현상을 의미하는 경제학 용어이다. 1959년 북해에서 대량의 가스전이 발견되면서 네덜란드는 천연가스 수출로 막대한 경제적 수익을 거두었다. 하지만 유입된 수출 수익으로 통화 가치와 물가가 급상승하고 이후 천연가스를 제외한 자국 내 제조업을 기반으로 한 산업이 붕괴하는 상황을 초래했다. '자원의 저주*Resource curse*' 또는 '풍요의 역설*Paradox of plenty*'이라고도 불리는 이 현상은 풍부한 자원을 가진 나라가 경제적인 호황기에 국가 인프라와 산업 경쟁력 강화 그리고 부의 재분배에 실패하면 어떤 결과를 가져오는지 잘 말해주고 있다.

실제 앙골라는 2014년 국제 유가가 급락하고 이후 저유가 시대가 시작되면서 2016년에는 12년 만에 처음으로 마이너스 성장을 기록했다. 석유에 대한 재정 의존도가 75퍼센트에 달하는 앙골라는 석유 수출이 급감하자 재정 적자와 인플레이션이 연이어 발생했다. 거버넌스가 상대적으로 취약한 앙골라 정부의 효율적이지 못한 대응으로 해외 투자와 교역 규모는 대폭 감소했다. 과거 네덜란드와 같이 앙골라도 공정한 수익의 분배와 생산적인 투자 및 개발이라는 과제를 안고 있다.

국제통화기금의 분석에 따르면 코트디부아르, 에티오피아, 세네갈, 케냐를 포함한 사하라 이남 지역의 절반에 해당하는 원자재 비수출국은 지속적으로 4퍼센트 이상의 성장률을 기록하고 있다고 한다. 이러한 국가들은 개선된 비즈니스 환경, 사회 기반 시설 투자에서 이익을 얻고 있으며 앞으로 몇 년 동안 6~8퍼센트 이상의 성장률을 기록할 것으로 예상했다. 이와는 대조적으로 앙골라, 나이지리아와 같은 대부분의 사하라 이남 자원 부국들은 최근 소폭 상승한 국제 유가에도 불구하고 단기적 경제 전망이 밝지 않으며 불황은 유류 관련 분야를 넘어 경제 전반으로 확산되어 점차 고착화될 것이라고 평가했다.

경제 다변화, 앙골라의 최대 화두

그동안 석유는 앙골라의 경제 성장을 이끌어온 최대 동력이면서 경제 위기의 가장 큰 원인을 제공하기도 했다. 앙골라는 석유 부문의 경쟁력을 유지하기 위한 투자 및 기술을 확보해야 하고, 한편으로는 극심한 석유 의존도를 극복하기 위한 경제 다변화를 모색하는 두 가지 중요한 숙제를 안고 있다.

주앙 로렌수 대통령 역시 정책 및 규제 개혁을 통해 경제 다변화 방안을 모색하고 있다. 과연 앙골라는 최대 국가과제인 경제 다변화에 성공해 네덜란드병을 극복하고, 석유 부문의 경쟁력을 더욱 강화시켜 남부 아프리카의 경제 성장을 이끄는 중심 국가로 다시 부상할 수 있을지 기대해 본다.

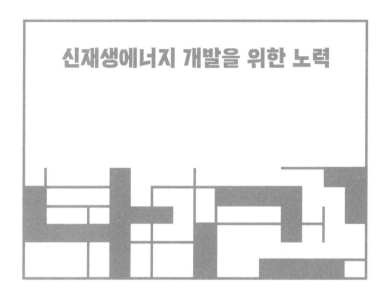

신재생에너지 개발을 위한 노력

아프리카의 주요 산유국인 앙골라는 아이러니하게도 에너지 수급에 어려움을 겪고 있고, 전기 접근율은 2019년 기준 44퍼센트로 절반에도 못 미친다. 수도 루안다에서는 빈번하게 정전이 발생해 자가 발전기를 설치한 가정집을 흔히 찾아볼 수 있다. 형편이 어려운 가정에서는 정전이 나면 촛불에 의지해 저녁 생활을 하기도 한다. 석유와 천연가스가 풍부한 자원 부국 앙골라는 왜 에너지 문제에 시달리고 있는 것일까?

앙골라의 주요 에너지원

앙골라의 주요 에너지원은 원유이지만 정제 시설이 부족하고 생산되는 90퍼센트 이상의 물량을 해외로 수출하고 있어 에너지 발전을 위한 수급이 불안정하다. 나무 장작과 같은 바이오 연료 및 폐기물은 농촌과 도시 빈곤층에서 주로 사용하고 있고, 원유 수급이 어려워지면서 해마다 꾸준히 증가하고 있다. 바이오 연료와 폐기물은 연소하는 과정에서 심각한 대기 오염을 유발하고 있다.

앙골라 정부도 석유 의존도와 환경 오염을 감소시키기 위해 신재생에너지를 개발하고, 에너지 보급과 효율성을 개선하기 위한 노력을 지속하고 있다.

수력발전의 유망한 가능성

전국에 고루 강줄기가 퍼져있는 앙골라는 수력발전을 하기 유리한 환경을 갖고 있다. 앙골라 정부도 환경적 이점을 고려해 수력을 중심으로 신재생에너지 개발을 모색하고 있다. 특히 중부 내륙부터 루안다까지 약 960킬로미터에 이르는 콴자강은 수력발전에 중요한 역할을 하고 있다.

루안다 남동쪽 콴자강 하류에는 앙골라에서 가장 거대한 라

● 라우카 수력발전소

● 준공식에 참여한 조제 에두아르두 두스
산투스 대통령

우카 수력발전소*Central Hidroelétrica de Laúca*가 자리 잡고 있다. 라우카 수력발전소는 2012년에 개발이 시작되었고, 2017년 조제 에두아르두 두스 산투스 당시 대통령이 직접 주관해 준공식을 성대하게 개최했다. 말란제와 콴자 술 주 사이에 위치한 이 거대한 콘크리트 댐의 크기는 높이 132미터, 넓이 1,075미터에 달하며 발전량은 최대 2,000메가와트 이상이고, 이는 최대 약 800만 명의 주민이 사용할 수 있는 규모이다.

라우카 수력발전소에 대한 앙골라 국민의 자부심은 엄청나며 향후 고질적인 전력 문제 해결에 크게 기여할 것이라는 기대를 갖고 있다. 더 나아가 앙골라 정부는 송전 설비를 확장해 라우카 수력발전소를 포함해 북쪽에서 대량으로 생산한 수력에너지를 열악한 남부 도시에 공급하는 방안을 모색하고 있다.

● 앙골라의 태양광발전

낮 동안 햇빛이 강렬하게 내리쬐는 앙골라는 태양에너지 발전을 위한 유리한 조건을 갖고 있다. 실제 앙골라 정부는 미국의 지원을 받아 남부 아프리카 단일 최대 규모의 태양광발전사업을 추진하고 있으며 앙골라 여섯 개 주에 태양광발전소 일곱 개를 건설하려는 목표를 갖고 있다. 완공 시 일곱 개의 태양광발전소는 해당 지역 주민 약 240만 명에게 지속 가능한 재생에너지를 공급할 수 있고, 연간 약 94만 톤의 이산화탄소 감축 효과도 기대하고 있다.

약 5억 2,400만 유로(약 7,092억 7,000만 원)가 투입되는 이 거대한 프로젝트는 미국 에너지회사 선아프리카Sun Africa가 구축을 담당하고, 한국무역보험공사를 포함한 다양한 글로벌 금융 기관이 투자에 참여했다. 앙골라 정부는 이 프로젝트를 통해 지역 간 전기 접근 격차를 줄이고 국가 전력망 확충을 기대하고 있다.

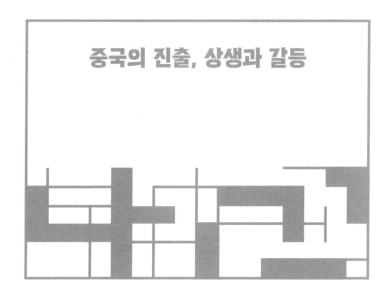

중국의 진출, 상생과 갈등

앙골라 사람들은 보통 '아시아 사람=중국인'이라는 고정 관념을 갖고 있을 정도로 앙골라에서 중국의 영향력은 막강하다. 투자와 협력을 반기면서도 어느새 생활 속 뿌리 깊이 침투해 오는 중국의 진출을 경계하고 있다.

한국의 경우 해외 프로젝트 추진 시 높은 인건비 때문에 최소 인력을 투입해 최단 기간에 사업을 마치고자 노력한다. 반면 중국의 경우 프로젝트와 관련된 모든 인원을 본국에서 데리고 오며 일부 노동자들은 일을 끝내고도 본국으로 돌아가지 않고 현지에 정착하는 경우가 빈번했다. 앙골라는 중국과의 전략적 외교 관계를 고려하면서 자국 내 중국인 정착 문제를 해결하기 위해 고심하고 있다.

앙골라와 중국은 독립부터 현재까지 긴밀한 협력 관계를 이어왔고, 현재 중국의 위상은 미국을 비롯한 서방 국가 못지않을 뿐더러 경제적 영향력 또한 단연 절대적 우위에 서 있다.

앙골라에는 또 하나의 국가를 만들어도 될만큼 중국 국적의 기업인들뿐만 아니라 농민, 단순 노동자, 기술자, 의사, 자영업자 등 다양한 직종의 중국인들이 진출해 있다. 특히 중국 정부는 내전 후 국가 재건을 위해 중국건설은행 및 중국수출입은행을 통해 대규모의 인프라 구축 사업을 지원했다.

루안다 킬람바 지구에는 중국국제신탁투자공사가 자금을 투자해 주거 및 상업 시설을 건설했고, 중국인을 포함한 거주민은 2014년 약 4만 명에서 2019년 13만여 명으로 급증했다. 심지어 2017년에는 외화 유출에 극도로 민감한 앙골라에서 중국 근로자가 본국과 자유롭게 금융 거래를 할 수 있는 중국은행*Bank of China* 1호점이 생겼는데 이는 앙골라 언론에서도 대대적으로 보도할 만큼 상징적인 사건이었다.

활발한 교류 속 늘어나는 갈등

양국 간 교류가 늘어나 중국의 영향력이 갈수록 높아지고

● 킬람바의 중국인 지구   ● 앙골라의 중국은행 지점 개점식

증가하는 중국 이주민들이 현지에 자리를 잡기 시작하면서 여러 불협화음도 같이 발생했다. 우선 중국이 제공한 지원은 절대 대가 없는 선의가 아니었다. 흔히 '패키지딜*Pakage Deal*'이라고 불리는 중국의 지원 방식은 인프라 및 금융 차관을 지원하는 대가로 대상 국가가 가진 천연자원을 요구하거나 건설해 준 항만이나 공항 같은 인프라 시설의 장기 운영권을 가져가 버렸다.

이 패키지딜 방식은 앙골라에서도 흔히 있었고, 그 결과 앙골라는 지금도 막대한 차관을 갚아나가기 위해 저유가임에도 불구하고 대중국 원유 수출을 계속하고 있다. 국제 유가 하락과 코로나19 상황으로 인한 경기 침체가 장기화되면서 앙골라에 진출했던 수많은 중국 기업이 도산했다. 중국 기업들은 사정이 어려워지자 저질 건축 자재를 사용해 부실 공사한 사례가 지속적으로 발생했고, 언론에도 보도되며 사회적 문제로 떠올랐다. 부실 공사와 저질 상품에 대한 앙골라 소비자들의 불만이 증가하면서 중국에 대한 호감과 신뢰 역시 계속 감소했다. 또한 중국 회사에서 일하는 앙골라 근로자들을 학대하거나 임금을 지급하지 않는 일이 여러 번 발생하면서 현지 내 중국인들에 대한 인식이 더욱 악화되었다.

내가 생활하던 당시에도 중국인을 대상으로 한 보복 범죄가 빈번하게 발생했고, 중국인이 많이 사는 지역에서는 자경단을 꾸려 스스로를 지킬 정도로 상황이 악화된 적이 있었다. 심지어 한국인을 중국인으로 오인한 범죄 또한 발생해 주앙골라대한민국대사관은 교민들에게 중국인이 많이 사는 지역에 한동안 출입을 자제하라는 공지를 내리기도 했다.

중국의 일대일로와 앙골라의 공존

중국과의 상생과 갈등이 지속되는 현실에서 앙골라와 중국의 관계는 계속 확대될 전망이다. 2018년 중국은 주앙 로렌수 대통령을 베이징으로 초청해 중국 내 최고 권력자인 시진핑 주석, 리커창 총리, 리잔수 전국인민대표대회 상무위원장 모두가 접견할 정도로 앙골라와의 우호적인 관계 형성을 위해 공을 들였다. 이는 곧 앙골라가 대아프리카 일대일로 프로젝트의 중요

● 주앙 로렌수 대통령의 중국 정상회담

한 국가이고, 앙골라와 중국의 관계가 매우 가깝다는 것을 대
외적으로 보여주고자 하는 의도로 해석된다.

　한국이 여러 강대국과 이해관계에 얽혀 있는 것처럼 앙골
라 또한 중국을 비롯한 다른 서방 국가와의 외교적 관계가 복
잡하다. 앙골라가 일방적인 중국의 일대일로 정책에 편입되지
않고 상호 국익이 윈윈할 수 있는 공존의 길을 모색하
기를 바란다.

함께 생각하고 토론하기

풍부한 석유와 천연자원을 보유하고 있지만 앙골라는 늘 에너지 부족 문제에 시달리고 있습니다. 앙골라 정부도 기후 변화 대응과 신재생 에너지 발전에 많은 관심과 노력을 기울이고 있지만 아직 큰 효과를 거두지 못하고 있습니다. 지금도 수도 루안다에서는 빈번하게 정전이 일어나고 있습니다.

● 앙골라와 같이 풍부한 천연자원을 가진 국가가 에너지 부족에 시달리고 있는 원인이 무엇인지 생각해 봅시다.

3부

역사로 보는
앙골라

과거는 역사이고,
미래는 미스터리이며,
현재는 선물이다.

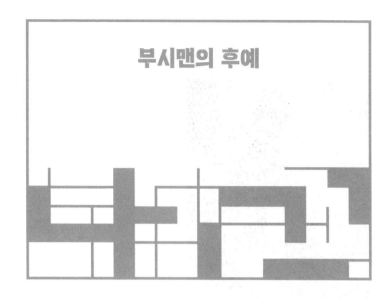

부시맨의 후예

앙골라 사람들을 포함한 아프리카인들은 문자를 통한 기록 보다는 구전으로 자신들의 역사와 전통을 전해 왔다. 근대에 들어서야 서구 열강들이 아프리카 진출을 위해서 역사를 기록 하기 시작했다. 특히 영국, 독일, 프랑스 등 유럽의 대표적인 열 강 국가들은 자신들의 지배를 강화하기 위해 식민지 국가의 역 사에 대해 체계적인 연구를 실시했다.

하지만 포르투갈은 앙골라를 직접 통치하는 식민지로 만들 지 않고 동방 무역을 위한 하나의 거점지 정도로만 생각했다. 그로 인해 원주민에 대한 깊은 지역 연구를 실시하지 않아 앙 골라의 역사는 영국 및 프랑스 등의 식민 국가들보다는 상대 적으로 많이 기록되지는 않았다.

● 산족

세계에서 가장 오래된 인종으로 알려진 코이산 *Khoisan*족은 목축 생활을 하는 코이*Khoi*족과 수렵 채취 생활을 하는 산*San*족으로 구분된다. 그중 산족은 흔히 알고 있는 '수풀 속에 사는 사람'이라는 뜻을 지닌 '부시맨*Bushman*'이라고도 불렸다. 부시맨들은 사냥과 채집을 주로 했고, 단독 또는 소수로 생활하는 것이 특징이었다.

부시맨들은 앙골라 남부 지역을 포함한 보츠와나, 나미비아, 잠비아, 짐바브웨, 레소토, 남아프리카공화국 등 남부 아프리카 일대에 주로 거주했고, 현재는 약 10만 명만이 생존해 있다고 추정된다. 학계에서는 '야만'이라는 뜻을 지닌 부시맨 대신에 산족이나 코이산족으로 통칭하고자 했으나 정작 산족들은 자신들을 칭하는 호칭이 원래 없었기 때문에 널리 알려진 부시맨을 선호한다고도 한다.

　　영국의 BBC 방송은 2009년 인류의 가장 오랜 조상은 부시맨이며 구약성경에 나오는 최초의 인류인 아담과 하와가 사는 에덴동산은 앙골라와 나미비아의 국경이 만나는 칼라하리 사막에 있을 것이라고 보도했다. 이는 미국 펜실베니아대학의 세라 티쉬코프 *S. Tishkoff* 교수가 10년간 3,000개 이상의 인간 유전자 표본을 수집한 연구 결과를 토대로 한 보도였다. '에덴동산 찾기'는 오랜 시간 동안 미국 펜실베니아대학과 캘리포니아대

● 칼라하리 사막

학 공동으로 연구를 추진했고, 세계 모든 인종의 유전자와 언어의 기원을 분석해 칼라하리 사막의 해안 지역을 인류의 탄생지로 지목했다.*

2014년 하버드 의과대학의 데이비드 라이시*David Reich* 교수 연구진은 부시맨의 유전자를 검사해 그들의 몸에서 오래전 유럽에 살았던 인류와 더불어 멸종한 네안데르탈인의 유전자를 발견했다. 이 결과로 과학자들은 6만 5,000년 전 아프리카를 떠난 호모 사피엔스가 중동과 유럽에 먼저 정착했던 네안데르탈인과 결합했고 다시 6만여 년 만에 아프리카로 일부 귀향하면서 현재 부시맨에게 유라시아의 유전자를 남기게 되었다고 추정했다.

결국 아프리카를 떠나 중동을 거쳐 유럽과 아시아로 이동한 것뿐만 아니라 다시 거대한 사하라 사막을 건너 남부 아프리카로 돌아온 이들이 부시맨의 조상이었던 것이다. 인류학자들은 부시맨을 '살아있는 화석'이라고 부르기도 하며 인간 진화의 잃어버린 연결 고리로 보기도 한다. 현재는 각각 다른 모습으로 진화해 다른 대륙에서 살고 있지만 부시맨의 유전자를 거슬러 올라가면 인류는 인종과 지역에 상관없이 하나의 뿌리였다는 것을 알 수 있다.

---

* 물론 창조 설화가 과학적인 근거를 바탕으로 하지 않고, 기독교에서도 에덴동산을 특정 지역이라기보다는 비유와 상징적인 장소로 보고 있다.

영화 속 부시맨

⟨*The Gods must be crazy*(신은 미친 것이 틀림없다)⟩는 국내에 ⟨부시맨⟩으로 더 잘 알려진 영화이며 실제 부시맨이 주연을 맡았다. 비행사가 버린 코카콜라 병을 우연히 주운 부시맨은 이를 신성한 물건이라고 생각해 자신의 마을로 가져간다. 부시맨들은 콜라병을 유용하게 사용하다가 그 편리함에 매료되었고 서로 차지하기 위해 싸우게 되며 공동체 내에서 전에 없던 질투와 폭력이 생긴다. 주인공은 마을의

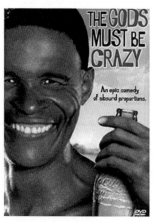

● 영화 ⟨*The Gods must be crazy*⟩ 포스터

평화를 지키기 위해 콜라병을 신에게 돌려주고자 세상 끝으로 여행을 떠나고 좌충우돌 여정 끝에 장대한 빅토리아 폭포에 도착해 콜라병을 던지며 영화는 끝을 맺는다.

영화에서 부시맨은 '야만', 미국의 자본주의를 대표하는 코카콜라 병은 '문명'을 상징한다. 꼭 필요한 만큼 사냥을 하는 소유와 경쟁의식이 없는 부시맨들에게 한 개밖에 없는 콜라병은 신의 물건이 아닌 사악한 물건이 될 수밖에 없었다. 부시맨은 콜라병을 갖고 간 원숭이에게 이렇게 말한다.

"그것은 사악한 물건이라서 세상 끝으로 가져가 버려야 해. 세상 밖으로 던져버리게 돌려줘. 그것은 너희 가족에게도 화가 될 거야."

우스꽝스러운 장면일 수도 있지만 콜라병을 가져간 원숭이를 진심으로 걱정해 주는 부시맨의 따뜻한 마음은 현재 물질 만능주의 시대를 사는 우리에게 깊은 울림을 준다.

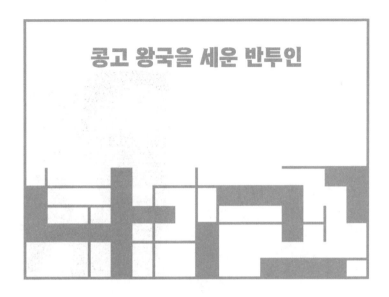

콩고 왕국을 세운 반투인

사하라 이남의 아프리카 역사를 이해하기 위해서는 '반투'에 대한 이해가 필수적이다. 반투인들이 쓰는 반투어는 독일의 언어학자 빌헬름 블레크*Wilhelm Bleek*가 처음 명명해 현재는 국제적으로도 공인되었다. 언어학적으로 유럽의 로만어와 비슷하고 현재 아프리카 중부에서 남부 지역까지 쓰이는 스와힐리어를 비롯해 약 500개가 넘는 언어가 반투어 계열에 속한다.

반투어를 쓰는 민족은 대부분 사하라 이남에 있는 나라의 국민 대다수이다. 각 지역별로 약간의 차이는 있지만 반투는 '인간'이라는 의미로 통한다. 반투인들은 기원전 800~500년 사이 콩고 분지에서 동쪽과 서쪽 그리고 남쪽으로 이동하면서 사하라 사막 이남으로 넓게 퍼졌다. 이 과정에서 부시맨들은 자연스럽게 반투인들에게 자신들이 살던 거주지를 내어주었다. 유럽 열강과는 달리 반투인들은 폭력적인 정복을 하지 않았고, 일부 부시맨들은 반투 공동체에 편입되어 평화롭게 공존했다. 콩고 왕국과 지리적으로 가까웠던 앙골라 인구 대부분도 반투인의 혈통이며 공용어인 포르투갈어와 더불어 반투어는 앙골라에서 가장 많이 사용되는 토착어로 알려졌다.

반투인이 세운 콩고 왕국

1390년 반투인들은 지금의 앙골라와 콩고민주공화국 일대에 콩고 왕국을 건국했다. 콩고 왕국은 전제 군주제 국가였고, 수도는 현재 앙골라 자이르 주의 주도인 음반자 콩고였다. 건국 초기 콩고 왕국은 작은 규모의 왕국이었지만 점차 주변 세력을 평정시키면서 영토를 확장해 나갔고 전성기에는 가봉 남부 지역까지 진출했다. 다스리는 영토가 광대해지자 콩고 왕국은 왕국을 여러 개의 주로 나누어 통치했다.

1482년 포르투갈인들이 콩고 왕국을 처음 방문한 이후 본격적으로 포르투갈과 교역로가 생겨나면서 유럽과의 무역이 활성화되었다. 특히 유럽을 통해 문자가 도입되면서 콩고 왕국의 역사가 기록되기 시작했다.

콩고 왕국의 통치자는 '마니콩고*Manikongo*'라고 불렀고 음반

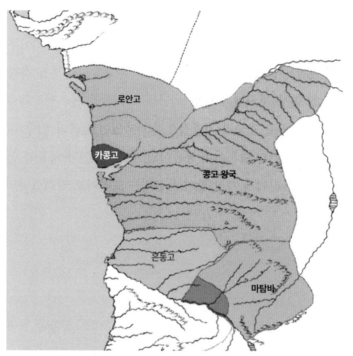

● 1711년 콩고 왕국 지도

● 콩고 왕국의 마니콩고 페드루 1세

자 콩고를 중심으로 카콩고, 로안고를 비롯해 앙골라 일대에 위치한 은동고 왕국과 마탐바 왕국을 속국으로 다스리며 공물을 받았다. 이 중 은동고 왕국의 왕을 '은골라*Ngola*'라고 불렀는데 현재의 국명인 '앙골라*Angola*'가 여기에서 유래되었다고 전해진다.

콩고 왕국은 1390년부터 1862년까지 독립 국가의 지위를 유지했지만 1914년 포르투갈의 침공을 받아 군주제가 강제로 폐지당하고 결국 식민지가 되었다. 1915년부터 1975년까지도 마니콩고가 존재했으나 실질적인 권력은 없었고, 포르투갈 점령지 외 영토는 벨기에령 콩고와 카빈다 보호령으로 속하게 되었다.

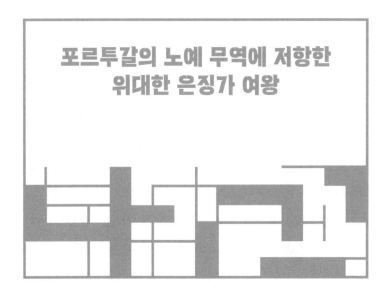

포르투갈의 노예 무역에 저항한
위대한 은징가 여왕

세계를 둘로 나눈 포르투갈과 스페인

대항해 시대의 선두 주자였던 포르투갈과 스페인이 유럽 외 지역에서 영토 분쟁으로 충돌하자 교황 알렉산데르 6세 *Alexander VI*는 카보베르데섬 서쪽 서경 46도 지점을 기준으로 남북 방향으로 경계선을 긋는 토르데시야스 조약*Tratado de Tordesilhas*을 맺도록 중재했다. 이 경계선을 기준으로 해양 진출시 동쪽은 포르투갈, 서쪽은 스페인이 차지하게 되었다.

토르데시야스 조약으로 포르투갈은 남미 동쪽에 위치한 브라질을 식민지로 만들었고, 아프리카 대륙으로 우회해 인도로 향하는 향신로 무역로를 독점했다. 포르투갈은 동방 무역로를

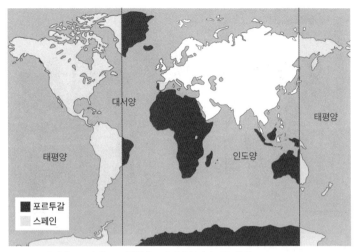

● 토르데시야스 조약 후 포르투갈과 스페인의 식민지 영토 분할

유지하기 위해 중간 보급 기지를 아프리카 동쪽과 서쪽 해안에 두었는데 이 지역이 오늘날의 앙골라와 모잠비크이다.

앙골라에 도착한 포르투갈인들은 콩고 왕국과 최초로 무역 관계를 체결했고, 기독교 선교를 위해 기술과 문화를 전파했다. 이 당시 콩고 왕국의 왕이었던 은징가 은쿠와*Nzinga a Nkuwa*는 가톨릭으로 개종해 스스로를 포르투갈식 호칭인 '주앙 1세'라고 칭할 정도로 포르투갈의 문화를 받아들였다. 그의 아들인 은징가 음멤바*Nzinga Mbemba* 역시 아버지를 따라 '아폰수 1세'라는 호칭을 썼고, 독실한 가톨릭 신자가 되었다. 이처럼 좋은 관계를 유지하던 포르투갈과 콩고 왕국은 노예 무역이 시작되

면서 파국을 맞게 되었다.

인류사의 잔인한 비극, 노예 무역

16세기 포르투갈은 브라질에서 사탕수수를 재배해 설탕을 생산하기 시작했고 대규모 경작을 위해 안정적인 노동력 확보가 필요했다. 브라질 원주민들은 고된 노동에 취약하고 쉽게 복종시킬 수 없어 노예로 부리기 어려웠다. 아프리카 흑인들은 아메리카 원주민보다 강한 체력을 가졌고 열대 기후인 브라질에도 쉽게 적응할 수 있어 노예로써 활용 가치가 더 높았다. 당시

● 노예 사냥

● 브라질로 향하는 노예 무역선

중요했던 종교적인 측면에서도 가톨릭 예수회는 라틴아메리카 원주민들의 노예화를 격렬하게 반대했지만 상대적으로 아프리카 흑인 노예화에 대해서는 관대한 입장을 보였다. 이는 로마 시대 때부터 노예로 이용되었던 아프리카인들과 달리 라틴아메리카의 원주민은 새로운 인종으로 여겨졌기 때문이다.

브라질 원주민을 노예로 만드는 데 실패한 포르투갈은 아프리카 흑인으로 노동력을 대체하기 위해 본격적으로 앙골라에서 노예 무역 활동을 시작했다. 이 시기에 포르투갈(유럽), 브라질(아메리카), 앙골라(아프리카) 간에 이루어진 무역의 형태를 '삼각무역*Triangular Trade*'이라고 한다.●

● 17~18세기 이루어진 영국, 청나라, 인도 간의 삼각무역이 유명하나 그 이전에 포르투갈에서 사용한 방식이다.

영국

북아메리카

유럽

설탕, 담배, 면화 등

면직물, 총기, 유리구슬 등

프랑스

대서양

포르투갈

카리브해

아프리카

황금해안

노예해안

스페인령
남아메리카

아프리카 노예

브라질

기니만

앙골라

● 삼각무역

　루안다항은 아프리카 노예 수출을 하는 대표적인 항구였고,
17세기 말에는 벵겔라항 역시 신대륙으로 수많은 노예를 송출
했다. 아프리카 노예들은 좁은 노예 무역선에 차곡차곡 실려 가
축우리 같은 열악한 환경과 무더위에 죽어가며 대서양을 건넜
다. 정확한 집계는 어렵지만 앙골라에서만 약 400만 명●의 아프
리카 노예들이 팔려나갔다고 추산된다.

　하지만 당시 노예 무역의 주체였던 포르투갈인들을 비롯한
유럽인들에게 죄책감이나 동정심 따위는 없었다. 그들에게 아

● 내륙에서 항구까지 이동하면서 죽거나 대서양을 건너면서 사망한 이들까지 포함
된 수이다.

프리카의 노예들은 단지 상품일 뿐이었다. 세계적인 석학 유발 하라리*Yuval Harari*는 유럽인의 노예 무역은 아프리카인에 대한 원한 때문이 아니라고 말했다. 그는 대규모의 공장식 현대 가축 산업●과 비슷하게 철저히 유럽인들의 '필요'와 '무관심'에 의해서 행해졌다고 했다.

모순되게도 아프리카 원주민을 사냥해 포르투갈에 노예로 팔아넘긴 주범 중 하나는 콩고 왕국이었다. 콩고 왕국은 다른 민족 집단을 침략해 획득한 노예를 포르투갈에 팔아넘겨 얻은 수익을 왕실의 재산으로 충당했다. 하지만 너무 많은 수의 주민이 노예로 팔려나가자 콩고 왕국은 포르투갈을 적대시했고, 1526년 아폰수 1세는 포르투갈 왕에게 자신들의 백성을 그만 끌고 가달라고 사정하는 편지를 보냈지만 소용없었다.

아폰수 1세의 저항에도 불구하고 콩고 왕국은 점차 쇠퇴했고 포르투갈은 앙골라에서의 영향력을 강화하기 위해 속국이었던 은동고 왕국마저 침입하려고 했다. 하지만 이때 은동고 왕국에는 은징가 음반데*Nzinga Mbande*라는 불세출의 영웅이 나타나 포르투갈에 저항했다.

● 현대의 가축 산업은 대량 생산을 위해 농장의 동물(소, 돼지, 닭, 오리 등)을 생명체가 아니라 고통을 느끼지 못하는 기계처럼 취급하고 있다.

● 은징가 은반데

그녀는 태어날 당시 탯줄이 목에 감겨있었기 때문에 은동고 왕국에서 쓰던 킴분두어로 '비틀다'라는 의미의 쿠징가*Kujinga*에서 따와 이름을 은징가*Nzinga*라고 지었다. 비록 어머니가 노예 출신이었지만 영특했던 은징가는 아버지인 은반디 키루안지*Mbandi Kiluanji* 왕의 총애를 받으며 어린 시절부터 정치 및 군사 교육을 받았고, 가톨릭 선교사에게 포르투갈어까지 배웠다.

은징가는 아버지의 배려로 법률과 전쟁 회의 등 왕국의 통치와 관련된 업무까지 배우고 성장했지만 이복 오빠인 은골라 음반디*Ngola Mbandi*가 왕이 되면서 가혹한 대우를 받았다. 은골라 음반디는 집권 후 은징가의 어린 아들을 죽였고, 은징가가 더이상 아이를 갖지 못하도록 여성성을 없애버렸다. 아버지의 애틋한 사랑을 받고 자란 은징가는 생존을 위해 고국을 떠나 주변국이었던 마탐바 왕국으로 피신했다.

후계자였던 형제자매를 탄압하며 자신의 지위를 공고히 한 은골라 음반디 왕은 왕국을 위협하는 외세와 맞서기로 맹세했지만 속으로는 강력한 포르투갈 세력을 두려워했다. 그리고 1631년 전쟁의 위협에 직면하자 그는 염치없게도 은징가를 외교 사절로 임명해 포르투갈 총독과의 협상을 위해 루안다로 보냈다.

은징가는 고귀한 왕실의 혈통을 가졌고 포르투갈어를 유창하게 구사했기 때문에 외교 사절로서 최적임자였다. 통상적으로 은동고 왕국의 지도자는 유럽식 복장을 입고 포르투갈인을 만났지만 은징가는 자신의 전통과 문화가 열등하지 않다는 것을 보여주기 위해 깃털과 보석으로 치장한 화려한 전통 의상을 입고 협상장에 나타났다.

포르투갈인들은 일부러 자신들은 의자에 앉고 은징가에게는 바닥에 앉으라고 방석을 내어주었다. 이는 포르투갈인들이 정복자로서 자신들의 지위를 과시하고 상대방의 기선을 제압하기 위한 전형적인 방식이었다. 하지만 이런 포르투갈의 의도를 간파한 은징가는 당황하지 않고 동행했던 자신의 수행원을 바닥에 엎드리게 한 후 그의 등 위에 앉아 협상을 시작했다. 포르투갈과 동등한 입장에서 협상을 하겠다는 명백한 의지를 보여 준 표현이었다.

● 포르투갈과 협상하는 은징가

결국 협상을 통해 은징가는 포르투갈의 적대 행위 중단을 이끌어냈다. 그녀는 전략적으로 노예 무역을 허용하는 대가로 은동고 왕국 내 건설된 포르투갈의 요새를 철폐하기로 합의했고, 해마다 조공을 바치라는 무리한 요구는 단호히 거절했다. 그리고 두 왕국의 우호적인 관계를 맺고자 했는데 포르투갈인들이 이를 의심하자 스스로 가톨릭 세례를 받겠다고 하는 기지까지 발휘했다. 독실한 가톨릭 신자인 포르투갈인들은 이교도를 개종시킨다는 목적으로 다른 나라를 침공했는데 은징가는 자신이 직접 세례를 받겠다고 하면서 그들의 위선적인 침략 명분을 차단시켰다. 결국 영리한 은징가는 총독과 그의 부인의 이름을 따서 '안나 드 소우자*Anna de Sousa*'라는 세례명을 받은 후 성공적인 외교적 성과를 거두고 자신의 왕국으로 귀환했다.

은징가 여왕에게 닥친 시련

하지만 협상에도 불구하고 포르투갈은 약속했던 자신들의 요새를 철폐하지 않았고 은동고 왕국을 수시로 약탈했다. 은골라 음반디 왕은 포르투갈의 침략으로 깊은 공포와 두려움에 빠져 세상을 떠났고,• 은징가는 은골라*Ngola* 칭호를 받으며 여왕의 자리에 올랐다. 그녀는 조카이자 은골라 음반디 왕의 아들과 혼인했지만 결혼식이 끝나자마자 그를 죽여버리며 자신의 왕위를 공고히 함과 동시에 은골라 은반디에게 살해당한 아들의 복수를 했다.

여왕이 되었지만 어머니가 미천한 출신이고 앞서 포르투갈과의 협상을 주도한 이력으로 은징가는 은동고 왕국의 귀족들에게 의심을 받았다. 내부 세력과 갈등을 겪던 은징가 여왕은 결국 포르투갈의 침공에 저항하다가 패배했고, 포르투갈인들은 은동고 왕국의 귀족인 아리*Ngola Hari*를 자신들의 섭정왕으로 내세웠다. 이로써 은동고 왕국에는 두 명의 왕이 생겼고 평민과 하급 귀족은 은징가 여왕을, 포르투갈과 귀족은 섭정왕을 각각 지지하면

• 자살 또는 은징가가 왕을 독살했다는 설도 있다.

서 나라가 분열되기 시작했다.

1627년 상황이 악화되자 다급해진 은징가 여왕은 사절단과 노예 400명을 포르투갈에 보내며 자신의 왕권을 인정해달라고 요구했으나 거절당하고 오히려 섭정왕에게 복종할 것을 강요받았다. 심지어 포르투갈군의 매복에 당해 수많은 신하와 병사를 잃게 되었고 1628년 결국 왕국 밖으로 추방되면서 큰 시련을 겪었다.

시련과 맞서 싸워 쟁취한 평화의 시대

은징가 여왕은 궁지에 몰린 상황에도 굴하지 않고 기민하게 움직이기 시작했다. 우선 정치적 경험이 부족한 섭정왕을 위협해 은동고 왕국 내 자신의 명성과 입지를 공고히 했다. 또한 추방당한 후에도 포르투갈의 영향이 미치지 않는 곳에서 군을 재정비하고 은동고 왕국의 라이벌이자 강력한 용병 집단인 임방갈라의 군벌 카산제Kasanje와 정략결혼을 통해 자신의 세력을 더욱 강화했다.

은징가 여왕은 새로운 문화와 전통에 빠르게 적응했고 지도력을 발휘해 충성스럽고 강력한 군대를 키웠다. 포르투갈에 대항해 탈출한 노예를 받아들이고 성공적인 게릴라전을 펼쳤는데 이를 목격한 예수회의 한 신부는 은징가 여왕을 과거 용감한 아마존의 여왕과 비유했다. 은징가 여왕은 결국 마탐바 왕국까지 복속시켜 더 안정적인 권력 기반을 확보했고 그 후 10년간 포르투갈에 대항하고 노예 무역을 저지하기 위해 노력했다. 1630년대 후반까지 은징가 여왕은 마탐바 왕국의 북쪽부터 남쪽까지 영향력을 확대했고 상황에 따라 네덜란드와 콩고 왕국 또는 포르투갈과도 동맹을 맺는 유연한 외교 전략을 구사했다.

결국 1940년대 은징가 여왕은 과거 은동고 왕국의 영토 대부분을 탈환했고 뛰어난 정치적 판단력으로 왕국의 군사력과 경제력은 갈수록 부강해졌다. 또한 은징가 여왕은 바티칸의 중재로 왕권을 인정받으면 포르투갈의 침략을 막을 수 있다는 스페인 선교사들의 제안을 받아들여 공식적으로 기독교로 개종했다. 이후 기독교에 대해서도 관대한 태도를 보여 스페인 신부를 궁정 비서로 삼았고, 궁전에 십자가를 두고 왕국 전역에 교회를 세우게 했다. 이와 같은 노력으로 1661년 은징가 여왕은 교황 알렉산데르 7세에게 칭찬의 서한을 받았고 유럽의 가톨릭 지도자들과 긴밀한 관계를 맺어 자신의 명성을 높였다.

은징가 여왕의 세력이 갈수록 강대해지자 결국 포르투갈은 1656년 수십 년간 포로로 잡아두었던 은징가 여왕의 여동생인 무캄부Mucambu를 은동고 왕국으로 돌려보내면서 공식적으로 평화 협정을 체결했다. 73세의 고령이 된 은징가 여왕은 동생과 재회하자마자 존중의 의미로 땅에 엎드려 몸을 흙에 문질렀고 비로소 오랜 전쟁이 끝나고 평화의 시대가 도래했다.

위대한 여왕이 잠들다

포르투갈의 평화 협정을 통해 은징가는 은동고와 마탐바 왕국을 다스리는 통일 왕국의 여왕으로서 정당성과 정치적 안정을 얻을 수 있었다. 그녀는 이 평화의 시대 동안 오랜 전쟁으로 황폐해진 두 왕국을 재건하기 위해 최선을 다했다. 또한 마탐바 왕국을 중앙 아프리카의 관문이자 무역 강국으로 발전시켜 노예 무역에 대한 자신의 영향력을 강화했다. 또한 노예들을 새로운 땅에 정착하도록 했고, 유럽의 기독교 지도자들과 접촉해 마탐바 왕국을 기독교 왕국으로 인정받기를 희망했다.

하지만 잠깐의 황금기를 뒤로 하고 은징가 여왕은 1663년 12월 17일 82세의 나이로 평화롭게 생을 마감했다. 은징가 여왕의 장례식은 음분두와 가톨릭식 두 전통에 따라 엄숙하게 치루어졌다. 장례식에서 백성들은 여왕의 시신 앞에 쓰러져 흙에 몸을 문질렀고, 포르투갈인들도 참석해 여왕을 위한 추모 예배를 올렸다.

은징가 여왕의 유산

자신이 겪은 모든 역경을 타고난 재능과 불굴의 의지로 극복한 은징가 여왕은 현재까지 포르투갈의 침략에 용감하게 저항한

● 은징가 여왕의 동상

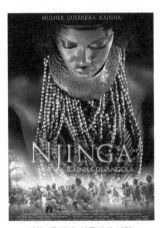

● 영화 〈은징가: 앙골라의 여왕〉

민족적 영웅으로 추앙받고 있다. 은징가 여왕은 타문화에 대한 이해와 관용으로 다른 종교를 수용하면서 한편으로는 자신의 영향력을 키워 포르투갈이라는 강대한 적에 당당히 맞서 싸웠다.

어린 시절 신분과 성별로 차별을 받았고, 승계 문제로 자식과 여성성을 잃고 왕국에서 추방당하기도 했지만 은징가 여왕은 굴복하지 않았다. 오히려 시련을 극복하는 과정에서 더욱 강해졌고, 외세의 침략에 대항하면서도 자신들의 백성을 살폈다.

그녀 역시 한때는 노예 무역에 협조했다는 비난도 존재하나 은징가 여왕이 통치하던 시절만큼은 포르투갈의 무차별적인 노예 무역이 없었던 것 또한 사실이다. 심지어 적국이었던 포르투갈을 포함해 여러 서양 국가에서 그녀와 관련된 문학 작품을 출간했고, 20세기에는 은징가 여왕의 전설적인 투쟁과 지혜를 찬양하면서 위대한 역사적 인물로 재평가했다.

20세기 독립 전쟁 당시에도 은징가 여왕은 포르투갈에 대한 강력한 저항의 상징이었고, 현재도 그녀의 일생을 소재로 한 영화가 만들어지고 여러 공공 장소에 동상이 세워지는 등 여전히 앙골라의 많은 국민의 존경과 사랑을 받고 있다.

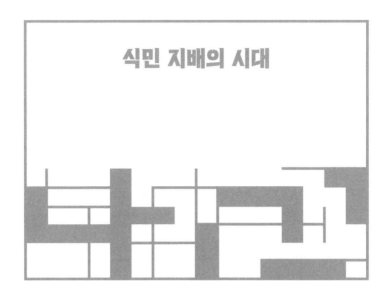

식민 지배의 시대

혼란에 빠진 포르투갈

대항해 시대의 선두 주자로 동방 무역과 식민지 개척을 통해 엄청난 황금기를 누리던 포르투갈이었지만 점차 다른 유럽 열강 국가와의 경쟁에서 밀리기 시작했다. 특히 나폴레옹 Npoléon 의 대륙 봉쇄령에도 영국과의 교역을 이어 나가자 프랑스는 침공을 게시했고 포르투갈의 주앙 6세는 싸워볼 생각도 하지 않고 1807년 브라질의 리우데자네이루로 도망쳤다.

주앙 6세는 브라질의 풍요롭고 넓은 영토를 다스리는 게 마음에 들었던지 1915년 나폴레옹이 패망하고 빈회의를 통해 유럽 전역에서 왕정 복고가 이루어졌음에도 포르투갈로 귀환하지 않았다. 포르투갈 국민은 지도자의 부재로 영국의 횡포에 시달렸고 스페인의 입헌주의 운동의 영향을 받아 왕의 귀환을 강하게 압박했다.

1921년 주앙 6세는 마지못해 15년여 동안 생활했던 브라질에서 본국으로 귀환했다. 우여곡절 끝에 왕실이 귀환했지만 주앙 6세가 사망하고 브라질에 남아있던 장남 페드루 1세*Pedro I*는 1822년 독립을 선언했다. 페드루 1세가 브라질의 왕으로 즉위하면서 어쩔 수 없이 일곱 살이었던 마리아*Maria II*가 왕위를 계승했다. 그때부터 왕정주의자와 입헌주의자 사이의 갈등이 심화되었고 1934년 내전까지 발발하자 포르투갈은 극심한 혼란에 빠졌다.

혼란스러운 유럽 정세에 영향을 받은 앙골라

포르투갈을 비롯한 유럽 전체가 혼란했던 당시의 정국은 앙골라 정세에도 영향을 미쳤다. 기존 아프리카 내에서 노예 무역을 주도하던 포르투갈, 영국, 네덜란드 등의 열강 국가의 영향력이 줄어들었고 유럽에서는 프랑스혁명을 비롯해 자유주의 사상이 번져나가면서 인간을 상품화하는 노예 무역에 대한 비판이 증가했다. 결정적으로 영국에서 일어난 산업혁명으로 기존의 착취와 약탈의 목적이 아닌 대규모로 생산되는 상품을

● 신문에 실린 배를린회담 삽화

팔기 위해 소비시장을 개척하려는 유럽 열강들의 식민지 운영은 변화하기 시작했다.●

새로운 소비시장 확보를 위해 아프리카 곳곳의 식민지에서는 서구 열강과의 갈등과 충돌이 끊임없이 발생했다. 결국 1884년 포르투갈의 제안과 비스마르크*Bismarck*의 중재로 독일 베를린에서 회담이 열렸다. 서양의 제국주의로 인한 아프리카의 혼란한 상황을 보여주는 대표적인 사례인 베를린회담*Berlin Conference*은 '아프리카의 분할*Scramble for Africa*'이라고도 불린다.

오늘날 자로 잰 듯이 반듯한 아프리카의 국경선은 이때 유

● 반면 사탕수수와 커피 등 대규모 농장을 운영하기 위해 노동력이 필요했던 아메리카의 국가들이 직접 노예 무역에 뛰어들었다.

럽 국가들에 의해 그어지게 된 것이다. 그들은 문화나 지역의 특성은 조금도 고려하지 않은 채 순수하게 자신들의 이익만을 위해 제멋대로 국경을 정했고 이로 인한 폐해로 오늘날에도 아프리카 대륙에서는 내전과 분쟁이 끊임없이 발생하고 있다.

포르투갈은 베를린회담을 통해 동쪽의 앙골라에서부터 서쪽의 모잠비크까지 식민 지배권을 확고히 하고자 했고, 19세기에는 실효적인 지배를 위해 계획적으로 수많은 포르투갈인을 앙골라로 이주시키기 시작했다.

독재자 안토니우 드 올리베이라 살라자르와 식민지법

한편 포르투갈 본국에서는 혼란스러운 정국이 이어지다가 1910년 결국 혁명이 발발해 왕정 체제가 끝나고 의회 공화제가 시작되었다. 그리고 국가와 종교의 권력을 분리해 본격적인 근대화를 추진하고자 했지만 새로운 변화로 인해 내부적인 정치·경제적 갈등이 지속되었다.

1차 세계대전이 발발하자 국가 재정이 파탄나면서 1926년 결국 군부는 쿠데타를 일으켜 정권을 장악했다. 쿠데타 군부는 경제 위기를 극복하기 위해 당시 코임브라대학의 경제학 교수였던 안토니우 드 올리베이라 살라자르_António de Oliveira Salazar_를 재무장관에 임명했고 그는 빠르게 경제 위기를 극복해 나갔다.

이러한 성과로 군부의 신뢰를 얻은 그는 더 강력한 재정 및 금융 정책을 펼쳐나갔고 오랜 시간 지속된 포르투갈의 경제 위기를 안정시켰다. 안토니우 드 올리베이라 살라자르는 경제 위기를 극복한 영웅이 되어 1932년 수상에 취임했고 국민들의 절대적인 지지를 받으며 일

● 안토니우 드 올리베이라 살라자르

당 중심의 신국가 체제^{Estado Novo}를 선언했다. 더불어 새로운 식민지법^{Acto Colonial}을 제정해 자신의 경제 정책에 맞게 앙골라를 비롯한 식민지에 대한 지배력을 더욱 강화하고자 했다.

안토니우 드 올리베이라 살라자르의 식민지법은 명분상 국가 통합을 추구해 앙골라를 포르투갈의 식민주가 아닌 국가의 일부분인 해외주로 인정했고 본국과 동일한 포르투갈 화폐인 에스쿠두^{Escudo}를 사용하게 했다.

하지만 결국 식민지법의 가장 큰 목적은 식민지를 좀 더 전략적으로 수탈하는 데 있었고, 포르투갈은 '미개한' 앙골라의 원주민을 '문명화'시켜야 된다는 당시 유럽의 제국주의적 의식을 갖고 있었다. 문명화를 위해 포르투갈 정부는 앙골라 현지인을 '동화인^{Assimailado}'과 '원주민^{Indigena}'으로 구분했다. 동

화인은 포르투갈 정부의 규정을 준수하는 현지인들에게 주어지는 지위였고, 나머지 규정을 수용하지 않거나 이해하지 못하는 이들은 원주민이라고 불렀다. 동화인에게는 본국의 사람들과 동일한 대우를 보장했으나 앙골라 원주민들에게 큰 호응을 얻지 못했고 오히려 식민 지배에 저항하는 도화선이 되었다.

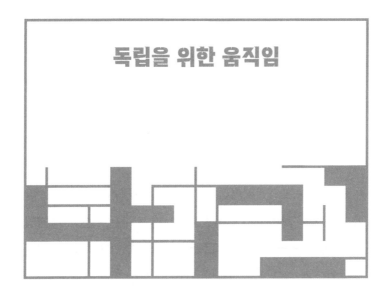

독립을 위한 움직임

우리나라 일제 강점기 때 일본이 근대화라는 명분으로 친일파를 양성해 식민 지배에 활용했던 것처럼 포르투갈 역시 자신들의 식민 통치를 위해 동화인을 더 많이 늘리려고 했다. 자신들에게 익숙한 문화를 강제로 버리고 새로운 문명과 동화가 되는 과정에서 앙골라 사람들은 큰 차별과 정신적 충격을 받았다. 설사 동화인이 되었다고 하더라도 실제 유럽인들과 동등한 대우를 받지 못했다. 하지만 포르투갈의 의도와 다르게 교육을 통해 조국의 처참한 상황을 각성한 앙골라 동화인들은 포르투갈의 식민 지배에 저항하기 시작했다.

1945년 포르투갈 정부가 식민지 학생들을 위해 리스본에 '제국의 학생들의 집*Casa dos Estudantes do Imperio*'을 설립했다. 아프리카의 지식인들은 그곳에 모여 민족의식을 고취했고 조국의 해방을 논의했다.

안토니우 드 올리베이라 살라자르 정부의 신국가 체제는 국가의 통합을 최우선시했기에 포르투갈 정부는 이들의 움직임을 경계했다. 비밀경찰의 철저한 감시와 탄압을 피해 식민지 유학생들은 제국의 학생들의 집과 같은 여러 비밀 조직을 결성하고 독립운동을 전개했다. 특히 2차 세계대전 이후 아프리카의 많은 식민지 국가가 독립했고 세계 곳곳에서 사회주의운동이 확산되면서 동화인들을 중심으로 한 독립운동은 더 조직적으로 발전했다.

● 제국의 학생들의 집에 모인 학생들   ● 제국의 학생들의 집 외관

1960년대 앙골라에는 주요 원주민 민족집단별로 독립 단체가 결성되면서 포르투갈 지배에 대한 직접적인 무장 투쟁이 시작되었다. 가장 먼저 1956년 마르크스-레닌주의의 영향을 받아 킴분두족을 기반으로 '앙골라인민해방운동'이 콩고에서 결성되었다. 지도자인 아고스티뉴 네투*Agostinho Neto*가 독립 투쟁의 중추적인 역할을 한 앙골라인민해방운동은 현재까지 집권당으로 가장 큰 영향력을 행사하고 있다. 이어 1961년 바콩고족 중심으로 '앙골라해방민족전선*FNLA, Frente Nacional de Libertação de Angola*'이 결성되었고, 1966년 앙골라해방민족전선에서 탈퇴한 조나스 사빔비*Jonas Savimbi*가 오빔분두족을 규합해 '앙골라완전민족동맹*UNITA, União Nacional para a Independência Total de Angola*'을 창설했다.

각 단체를 자세히 살펴보면 앙골라인민해방운동은 주로 킴분두족으로 구성되었고, 수도 루안다와 도시에 사는 주류 계층이 중심이었다. 반면 앙골라해방민족전선은 바콩코족, 앙골라완전민족동맹은 오빔분두족으로 주로 구성되었고 농촌에 사는 비주류 계층이 중심이었다. 이 세 독립 단체들은 독립 투쟁을 주도하면서 앙골라의 독립을 쟁취하는 데 막대한 공을 세웠지만 독립 이후 내분으로 내전의 주요 세력이 되었다.

앙골라인민해방운동은 1961년 2월 4일 루안다 감옥과 파출소를 공격했다. 이 사건은 앙골라를 넘어 포르투갈이 지배하고 있던 다른 아프리카 식민 국가들의 무장 투쟁에 시발점이 되었다. 이후 독립 전쟁을 위해 앙골라인민해방운동은 앙골라민족해방군*EPLA, Exército Popular de Libertação de Angola*을 결성하고 알제리 독립군과 모로코와 튀니지에서 훈련을 받았다.•

포르투갈 정부는 무장 투쟁을 진압하기 위해 앙골라인민해방운동에 대한 대대적인 탄압을 했고 상당수의 지도자들이 체포되면서 세력이 와해되었다. 1963년 해외에 체류하던 수장 아고스티뉴 네투가 귀환해 앙골라인민해방운동을 다시 규합했다. 그리고 앙골라해방민족전선과 통합을 시도했으나 결렬되었다.

무장 투쟁이 치열해지자 포르투갈 정부는 심각성을 인지하고 본국에서 대규모 군대를 파병했지만 앙골라의 열악한 환경에 적응하지 못하며 앙골라의 독립운동 세력을 완벽하게 진압하지 못했고 전쟁이 장기화되었다.

• 이때의 인연으로 알제리는 1962년 독립을 쟁취한 뒤 자신들의 무기와 군수 물자를 앙골라에 양도했다.

포르투갈은 오랜 시간 지속된 앙골라 독립 투쟁 진압에 많은 병력과 물자를 소모했고 본국 국민의 고통과 불만은 쌓여만 갔다. 결국 안토니우 드 올리베이라 살라자르 독재 정부의 오랜 식민지

● 카네이션혁명

전쟁에 반발해 1974년 4월 25일 포르투갈에서 카네이션혁명 *Revolução dos Cravo*이 발발했다. 진보주의 성향의 장교들이 주도한 카네이션혁명은 포르투갈 국민들이 혁명군을 지지하며 카네이션을 달아준 데에서 유래했다.

마침내 민심에 이기지 못한 정부는 마카오를 제외한 모든 식민지에 대한 권리를 포기했고 권력은 선거를 통해 신정부로 이양되었다. 이로써 안토니우 드 올리베이라 살라자르의 신국가 체제는 완전히 붕괴되었고, 1975년 포르투갈 식민 지배가 끝나며 앙골라는 마침내 독립을 이루었다.

앙골라의 독립은 앙골라 독립운동가들의 치열한 투쟁과 소모적인 전쟁에 반대하고 평화를 갈망하던 포르투갈 국민의 염원이 합쳐져 이루어졌기 때문에 그 의미가 더 상징적으로 느껴진다.

앙골라니다드

　과거 포르투갈 식민 정부는 '문명화'라는 명목 아래 앙골라 사람들을 동화인과 원주민으로 구분해 민족정신을 말살시키고 서로를 분열시키는 정책을 폈다. 자신의 우월한 문화와 질서에 식민지 국민을 종속시키려는 전형적인 이분법 정책이었다. 일제 강점기 때 내선일체라는 명분 아래 창씨개명과 일본어 교육을 강요받으며 민족의 정체성을 말살당했던 우리 역사와 유사하다. 사실 아프리카의 역사를 들여다보면 식민 지배를 받았던 우리 역사와 여러 공통점을 찾을 수 있다. 포르투갈과 일본이 앙골라와 조선을 지배하기 위해 민족 갈등을 조장하고 스스로 분열하게 만든 방식은 너무나 흡사하다. 우리 조상과 마찬가지로 앙골라 사람들 역시 식민 지배에 저항하고 민족 정기를 지키고자 노력했다.

　점차 강화되는 포르투갈의 식민 통치에 앙골라 지식인들은 '앙골라니다드*Angolanidade*운동'을 일으켰다. 이는 자신들이 망각했던 고유한 전통적 가치를 되찾고 민족적 각성을 고취하기 위한 문화운동이었다. 그 당시 앙골라에서는 포르투갈인과 원주민 사이에 태어난 혼혈인층과 원주민이지만 유럽의 진보적 문화를 받아들인 동화인층이 등장하며 지식인 계층을 형성했다. 이들 일부는 초기 자신들의 문화와 역사를 유럽인의 관점에서 바라보고 자신도 모르게 왜곡시키는 오류를 범한 적도 있

● 동화인와 유럽인

Planalto de Mossamedes — Uma coleção de penteados

● 앙골라 원주민

었다. 하지만 앙골라 지식인들은 식민 정부가 제한적인 교육 정책을 펼쳐 '문명 대 야만'이라는 부정적인 이미지를 만들어 분열을 일으키고 있다는 것을 깨닫고 앙골라니다드운동을 통해 저항했다.

이에 포르투갈은 더욱 강력한 식민 정책으로 탄압하려 했으나 이는 오히려 앙골라 사람들의 앙골라니다드운동을 심화시키는 기폭제 역할을 했다. 특히 동화인 문학가들은 문학 활동으로 불평등한 식민 지배에 저항했고 잃어버린 역사와 전통적 가치를 회복해 앙골라의 정체성을 되찾고자 했다. 이는 이후 독립 무장 투쟁의 사상적 기반이 되었다. 해외에서는 앙골라니다드운동, 국내에서는 무장 투쟁을 치열하게 전개한 끝에 결국 앙골라는 1975년 포르투갈의 지배에서 벗어났다.

식민 지배에서 독립되고 오랜 내전을 끝낸 현재에도 앙골라는 앙골라니다드를 통해 '저항과 해방'에서 '새로운 사회와 국가'로 가기 위한 담론을 만들어가고 있다. 보통 식민 지배를 당한 경험이 있는 국가들은 자신들의 치욕스러운 과거를 떠올리면 분노한다. 하지만 어렵더라도 후손에게 식민지 역사를 솔직하게 드러내고 상기시킴으로써 다시는 반복되지 않도록 가르쳐야 한다.

많은 세계 시민은 유대인 학살에 고개를 숙이는 독일 국민과 제노사이드를 잊지 않고 끊임없이 상기시키는 르완다 국민의 용기에 아낌없는 찬사를 보낸다. 현재 앙골라는 자신들의 비극적인 역사를 감추기보다는 용기 있게 드러내고 앙골라니다드 정신을 다음 세대에게 전해주어 새로운 미래를 만들고자 한다. 앙골라니다드는 과거의 유물이 아니라 새롭게 해석되어 미래에도 존재할 것이다.

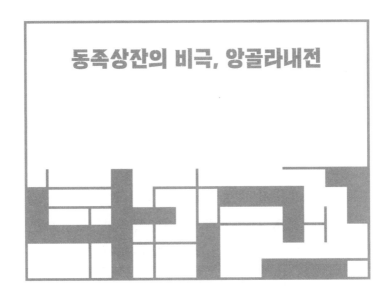

동족상잔의 비극, 앙골라내전

독립 후 짧은 평화의 끝 그리고 내전의 시작

카네이션혁명 후 포르투갈은 앙골라를 비롯한 식민 국가들과 독립을 위한 협상을 시작했다. 앙골라의 주요 정당인 앙골라인민해방운동, 앙골라해방민족전선, 앙골라완전민족동맹은 모두 자신들이 중심이 되어 새 정부를 구성하고자 했다. 그 결과 독립 후 앙골라는 단일 정부를 수립하는 데 실패했다.

갈등이 심화되자 1975년 케냐에서 주요 정당 대표들이 모여서로를 합법적인 정당으로 인정하고 통합된 앙골라를 위한 과도정부를 구성하는 데 합의했다. 하지만 세력이 큰 주요 세 정당만 과도정부를 구성하는 데 참여했고 '카빈다해방전선*FLEC,*

Frente para a Libertação do Enclave de Cabinda'과 같은 작은 독립 단체들은 배제되었다. 이때 소수 세력을 무시한 대가로 앙골라는 현재까지도 각종 분쟁과 테러에 시달리고 있다.

주요 정당들은 포르투갈과 협정을 통해 같은 해 1월 31일 과도정부를 수립했다. 하지만 과도정부는 시작부터 주도권을 차지하기 위한 정당 간 갈등과 분쟁이 계속되었고 결국 1975년 8월 1일 앙골라완전민족동맹이 앙골라인민해방운동에게 전쟁을 선포하면서 앙골라의 평화는 산산이 깨져버렸다.

킴분두족으로 구성된 앙골라인민해방운동은 수적 우위와 함께 독립 투쟁을 위해 만든 강력한 군대를 보유하고 있었다. 앙골라완전민족동맹과 앙골라해방민족전선은 무력으로 앙골라인민해방운동에 상대가 안 된다는 것을 깨닫고 과도정부에 소속된 자신의 정당 인원들을 철수시켰다. 결국 1975년 8월 14일 앙골라인민해방운동 소속 인원들만 남음으로써 과도정부는 무너졌다.

앙골라인민해방운동은 소련과 쿠바의 군사적 지원을 받아 수도 루안다와 앙골라 중심부를 장악했고, 1975년 11월 11일 포르투갈에게서 독립해 공식적으로 앙골라인민공화국의 건국을 선포했다. 곧이어 앙골라해방민족전선과 앙골라완전민족동맹도 각각 독립을 선포하면서 앙골라의 정세는 총체적 난국에 빠졌다. 이러한 상황 속에서 소련을 비롯한 공산권 국가들은 앙골라인민해방운동을 지지했고, 아프리카 내 사회주의 확

산을 경계하는 미국과 남아프리카공화국은 앙골라완전민족동
맹과 앙골라해방민족전선을 지원하면서 앙골라의 길고 지루
한 내전이 시작되었다.

건국의 아버지 아고스티뉴 네투

앙골라인민공화국이 출범
하면서 당시 앙골라인민해방
운동의 의장이었던 아고스티
뉴 네투는 초대 대통령으로
추대되었다. 1922년 앙골라
뱅구에서 출생한 아고스티
뉴 네투는 시인이자 의사였
으며 민족문화운동을 주도
하던 독립운동가였다. 그는
수상과 하원의장직을 폐지

● 아고스티뉴 네투

하고 대통령이 직접 장관을 지명하는 법안을 통과시켜 자신의
권한을 강화했다.

취임 후 아고스티뉴 네투 대통령은 분열보다는 적대 세력을
포용하기 위해 노력했다. 우선 정치의 중심이었던 포르투갈 혼
혈인 세력을 견제하고 민족의 화합을 위해 바콩고와 카빈다 출

신 대표를 정치국 위원으로 등용했고 앙골라해방민족전선 출신의 정치범들까지 사면시켰다.

아고스티뉴 네투 대통령은 뛰어난 지도력을 바탕으로 독립운동과 내전을 이끌었고, 현재의 앙골라를 만드는 데 엄청난 기여를 했다. 그는 외교를 통해 소련의 대규모 자금 지원과 쿠바의 전투병 파병을 이끌어내 앙골라인민해방운동이 내전의 주도권을 잡게 했고 외부 지원을 차단시켜 가장 큰 적대 세력인 앙골라완전민족동맹을 고립시켰다. 또한 국익 증진을 위해 1979년 외국투자법을 만들어 석유 개발을 위한 자본 유치를 위해 노력했다.

그는 1979년 9월 10일 러시아 모스크바에서 암 수술을 받다가 사망했지만 그 시점까지도 내전으로 어수선한 정국을 안정시키고 반군 세력과의 협상을 위해 노력했다. 식민 시대에는 독립운동에 헌신하고 내전이 벌어지자 냉전 시대의 논리를 따라 분열하기보다는 같은 민족끼리의 화합을 추구한 아고스티뉴 네투 대통령은 현재까지도 앙골라의 국부로 국민의 존경을 받고 있다.

아고스티뉴 네투의 후계자 조제 에두아르두 두스 산투스

앙골라의 정신적 지주였던 아고스티뉴 네투 대통령이 서

거하자 후계자인 조제 에두
아르두 두스 산투스가 권력
을 승계했다. 루안다 빈민가
에서 건설 노동자의 아들로
태어난 그는 음분두족 출신
이었고, 포르투갈의 식민 정
책에 반대해 앙골라인민해
방전선에 가입하며 독립운
동에 뛰어들었다.

● 40대의 조제 에두아르두 두스 산투스

포르투갈의 탄압을 피해
콩고민주공화국 킨샤샤로 망명했고, 이후 소련 아제르바이잔
석유화학아카데미에서 석유화학을 전공해 학위를 받은 뒤 다
시 독립 전쟁에 뛰어들었다. 아고스티뉴 네투 대통령 사망 당
시 기획부장관이었던 조제 에두아르두 두스 산투스는 1979년
10월 10일 간접선거를 통해 37세의 젊은 나이에 앙골라 2대
대통령, 국회의장, 군사령관으로 임명되었다.

2017년까지 장기 집권을 한 그는 권력에 대한 욕심이 상당
했고 자신의 독재 체제를 착실히 구축해 나갔다. 하지만 조제
에두아르두 두스 산투스 정부는 소련식 사회주의 계획경제 정
책을 펼쳐 국가 공업과 농업 성장에 실패했다. 또한 내전으로
인해 국가 재정 대부분이 국방비로 지출되었고 원유 수출에만
기대는 상황이 지속되면서 앙골라의 경제는 갈수록 쇠락했다.

● 조나스 사빔비

앙골라내전은 1980년대로 넘어가면서 앙골라해방민족전선 세력은 크게 위축되었고 앙골라인민해방운동과 앙골라완전민족동맹의 대결로 좁혀졌다. 조나스 사빔비 *Jonas Savimbi*는 앙골라 정부에 가장 큰 적대 세력인 앙골라완전민족동맹의 수장이자 반군의 상징적인 인물이었다.

비에 주에서 철도역장의 아들로 태어난 그는 리스본대학에서 의학을 전공했고 스위스 로잔대학에서 정치학 박사 학위를 받은 당대의 지식인이었다. 또한 세 개의 아프리카어와 네 개의 유럽어를 구사할 정도로 언어에 특출난 재능을 갖고 있었다.

포르투갈의 식민 지배와 앙골라에 대한 차별에 큰 반감을 갖고 있던 조나스 사빔비는 독립운동에 뛰어들었고 앙골라해방민족전선에 가입했다. 하지만 바콩고족 중심의 앙골라해방민족전선과 갈등이 생겨 1966년 분리 독립을 결심하고 오빔분두족의 후원을 받는 앙골라완전민족동맹을 결성했다.

1986년에는 로널드 레이건*Ronald Reagan* 대통령의 초청으로

● 로널드 레이건과 조나스 사빔비의 회담

백악관에 초대받은 조나스 사빔비는 '민주주의의 챔피언'으로 소개될 정도로 미국의 절대적인 지지를 받았다. 하지만 엘리트 지식인이면서도 정의감이 넘치던 조나스 사빔비는 내전이 시작되고 기득권이 생기면서 점점 변해갔다. 그는 자신의 권력을 강화하기 위해서는 수단과 방법을 가리지 않았고 앙골라인민해방운동은 물론 자신이 한때 가입했던 앙골라해방민족전선에도 무자비한 공격을 가했다.

　내전 중에도 민족의 화합을 위해 노력한 아고스티뉴 네투 대통령과 달리 조제 에두아르두 두스 산투스와 조나스 사빔비는 자신들의 권력을 유지하기 위해 자신들을 지지하는 외세를 등에 업고 전쟁을 끈질기게 이어 나갔다. 소련은 사회주의를 지향하는 정부가 들어선 앙골라를 미국의 자유 진영에 빼앗기지 않기 위해 적극적으로 내전에 개입하고자 했다. 미국 역시 풍부한 석유와 대서양으로 진출할 수 있는 항구를 가진 앙골라가 소련으로 넘어가는 것을 우려해 앙골라완전민족동맹을 지원하면서 공산 세력을 견제했다. 앙골라내전은 결국 냉전의 대리전이 되었고, 이것이 바로 27년(1975년부터 2002년까지) 동안 전쟁이 지속된 원인이었다.

오랜 시간 지속된 내전으로 앙골라의 도로, 철도, 댐 등 국가 인프라가 심각하게 훼손되었고, 농민 대부분이 전쟁을 피해 농지를 버리고 떠나면서 식량 생산량이 급감했다. 1980년 말에는 석유 생산지였던 북부 카빈다 일대를 차지하기 위한 앙골라인민해방운동과 앙골라완전민족동맹의 양보 없는 전투가 빈번하게 벌어졌다.

길고 길었던 내전의 끝

치열하게 전개되던 앙골라내전은 1988년 남아프리카공화국이 앙골라완전민족동맹에 대한 지원을 끊고 쿠바군이 본국으로 철수함으로써 소강 상태를 보이기 시작했다. 미국 또한 1990년 앙골라 석유 개발에 진출하면서 앙골라인민해방운동에 대한 우호적인 태도를 보이게 되었고 앙골라완전민족동맹

● 조제 에두아르두 두스 산투스와 조나스 사빔비의 리스본 평화정전협정 체결

의 세력은 점점 약화되었다. 결국 1990년 앙골라인민해방운동은 일당제와 계획경제를 중지하고 다당제를 도입하면서 앙골라완전민족동맹과의 협상을 유도했고, 5월 1일 포르투갈 리스본에서 조제 에두아르두 두스 산투스 대통령은 조나스 사빔비와 평화정전협정을 맺었다. 그리고 1992년 9월 유엔의 중재로 합법적인 대통령 및 국회의원 선거가 실시되었다.

최초 선거에서 조제 에두아르두 두스 산투스 대통령은 49퍼센트를 얻어 40퍼센트를 득표한 조나스 사빔비와 결선 투표를 치러야 했다. 의회 선거의 경우 앙골라인민해방운동이 총 120석의 의석수를 확보해 앙골라완전민족동맹의 70석을 따돌리고 과반을 확보했다. 선거 결과가 나오자 조나스 사빔비는 유엔과 국제 사회의 감시가 소홀해 부정 개표가 있었다고 주장하면서 결선 투표에 참가하지 않았고, 불행하게도 다시 내전이 발발했다.

다행히 유엔의 긴급한 중재로 1994년 정부군과 반군은 잠비아의 수도인 루카사에 모여 평화정전협정을 맺었다. 이후 유엔은 1995년 4월 평화유지군을 파병했고, 앙골라인민해방운동과 앙골라완전민족동맹은 협정에 따라 무장 해제를 풀어 같은 해 7월부터 단일 군사 체계로 재편되었다. 1997년 4월 11일 비로소 앙골라의 단일 정부가 수립되었지만 여전히 조나스 사빔비는 경계를 풀지 않으며 루안다 입성을 거부했다.

앙골라완전민족동맹은 1998년 12월과 1999년 1월에 유엔의 전세기를 격추시키는 치명적인 실책을 범했고 이 사건으로 인해 국제 사회의 큰 비판을 받았다. 수세에 몰린 조나스 사빔비는 결국 2002년 2월 22일 정부군의 공격으로 사살되었다. 지도자를 잃은 앙골라완전민족동맹은 점차 쇠락하다가 8월 1일 항복을 선언했고, 반군 약 5만여 명이 해체되었다. 2002년 4월 4일 앙골라 정부군과 앙골라완전민족동맹 반군이 휴전 협정에 공식 서명하면서 아프리카 역사상 가장 긴 앙골라내전이 종식되었다.

계속되는 분쟁의 땅, 카빈다

앙골라 최북단에 위치한 카빈다 주는 특이하게도 앙골라의 영토이지만 콩고공화국과 콩고민주공화국에 둘러싸여 있다. 카빈다 주의 2019년도 기준 인구는 71만 6,076명이고, 총면적은 약 7,270제곱킬로미터이며 주도인 카빈다를 포함해 총 네 개의 시가 존재한다. 앙골라 18개 주 중 가장 작은 주이고, 본 영토에서 떨어진 지역에 위치한 월경지이다.

비록 가장 외지에 있지만 카빈다의 중요도는 수도 루안다 못지않은데 가장 큰 이유는 카빈다 해안에 세계 최대 규모의 근해 유전이 있기 때문이다. 앙골라에서 생산되는 대부분의 석유가 카빈다에서 나오고 있어 국영 석유회사인 소난골을 비롯해 셰브론, 토탈에너지, 에니 등 거대 글로벌 석유 기업도 진출해 있다. 하루에 생산하는 석유는 약 70만 배럴에 달하며 발견되지 않은 유전도 아직 많이 남아있어 탐사 작업이 활발히 진행 중이다.

석유를 제외하더라도 카빈다 주는 앙골라 내 금 생산량의 약 90퍼센트를 차지하고 있고 망간, 인산염 같은 다양한 광물이 매장되어있다. 또한 커피, 고무, 야자기름까지 생산하고 있으며 위치 또한 대서양 인근에 위치해 앙골라 수출의 요지이기도 하다. 하지만 풍요의 땅이자 중

● 카빈다 위치

요한 요충지인 카빈다는 식민 지배와 내전이 종식된 지금도 앙골라에서 가장 위험한 분쟁 지역으로 남아있다.

15세기 중반 포르투갈은 콩고 왕국 중 하나인 카콩고에 도착했고 그 당시에 카빈다는 작은 어촌에 지나지 않았다. 하지만 1530년경 카콩고가 콩고 왕국의 해상 무역의 중심지로 떠오르게 되자 포르투갈, 벨기에, 영국 등 유럽 국가들이 카빈다에 교역소를 세웠다. 이후 1885년 카빈다의 지도층은 당시 콩고 왕국을 식민화하려는 벨기에를 경계하기 위해 경쟁 관계에 있던 포르투갈과 무역 협정을 맺었다.

이후 카빈다는 벨기에의 지배를 받던 다른 콩고 왕국의 국가들과 달리 약 70년 이상 앙골라와 함께 포르투갈의 식민지가 되었다. 그러나 1956년 포르투갈은 갑자기 원주민의 의사를 묻지도 않고 카빈다를 앙골라의 영토로 편입시켰다. 카빈다 사람들은 이에 반발해 포르투갈의 식민 지배가 종식되자 분리 독립을 주장했으나 앙골라에 의해 저지당했다. 포르투갈 식민 지배에 대항하는 무장 투쟁에 함께 참여했던 카빈다해방전선FLEC, Frente para a Libertação do Enclave de Cabinda은 이제 앙골라에 대적하는 저항 세력이 되어버렸다.

카빈다해방전선은 카빈다의 독립을 주장하며 앙골라 정부와 첨예하게 대립했다. 그들은 게릴라 전술로 유전과 같이 경제적으로 중요한 대상에 테러 공격했고 1990년대에는 카빈다에 거주하는 외국 정유회사 직원들을 납치하기도 했다. 석유 생산에 차질이 생길 것을 걱정한 앙골라 정부는 카빈다해방전선과 협상을 맺으려 했으나 실패했고, 2000년에 들어서도 갈등이 지속되었다.

앙골라 정부는 지속적인 견제로 카빈다 반군의 저항을 약화시켰다. 이 과정에서 앙골라는 카빈다 독립운동을 잔인하게 탄압했다는 사실이 드러나 국제적인 비판을 받았고 카빈다해방전선 역시 더 이상 물러날 수 없는 궁지에 몰리자 협상에 나올 수밖에 없었다. 결국 2006년 8월 앙골라와 카빈다해방전선은 카빈다의 자치권을 보장하는 평화 협정을 맺었고 카빈다는 그토록 염원하던 특별자치지역이 되었다.

하지만 오랜 기간 쌓여온 갈등은 쉽게 풀리지 않았다. 앙골라와 평화 협정을 맺은 카빈다해방전선을 제외하고도 완전한 카빈다의 분리독립을 원하는 세력이 존재했다. 2010년 1월 8일 앙골라에서 개최된 아프리카네이션스컵 참가를 위해 카빈다로 입국한 토고 축구 대표팀 버스에 무차별적인 기관총 사격이 가해졌다. 이후 카빈다해방전선은 이 테러가 자신들이 벌인 사건이라고 발표했고, 이 총격으로 인해 토고 축구 대표팀 코치와 앙골라 운전기사를 포함해 세 명이 사망했고 선수들을 포함해 아홉 명이 부상을 입었다. 국가 간의 화합을 도모하는 국제 스포츠 행사에서 절대 일어나서 안 될 비극이었고 카빈다해방전선은 엄청난 국제적 비난을 받았다. 그럼에도 불구하고 카빈다해방전선

● 무장한 카빈다해방전선의 대원들　　● 카빈다해방전선의 테러 공격을 받은 토고 축구 국가 대표팀

은 2016년에도 카빈다에 거주하는 외국 석유회사 직원들을 위협하는 도발적인 행동을 계속했다.

카빈다가 월경지면서 앙골라의 영토이고 현재까지 분쟁이 지속되는 이유는 바로 이러한 역사 배경에 있다. 포르투갈분 아니라 아프리카를 지배한 서구 열강들은 식민지로 만든 국가에 대한 민족적, 문화적 이해 없이 자신들의 이해관계로 국경을 긋고 원주민들을 분열시켰다.

카빈다 역시 그 지역에 사는 원주민들의 의지와 상관없이 앙골라에 편입되었고 석유를 비롯해 풍요로운 자원을 보유하고 있는 탓에 그토록 염원하는 분리 독립을 달성하지 못하고 있다. 카빈다해방전선의 무분별한 테러 행위는 분명 규탄의 대상이 되어야 한다. 하지만 독립투쟁을 함께했고, 대대로 자신들의 땅에서 평화롭게 살던 카빈다 사람들을 테러리스트로 만든 원인 제공자들 역시 함께 비판받아야 한다. 하루빨리 상호 간의 용서와 화합을 통해 카빈다에 평화가 오기를 희망한다.

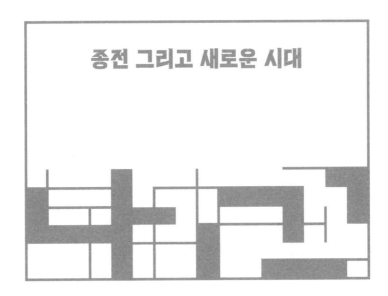

종전 그리고 새로운 시대

내전 후의 앙골라 정세

약 27년간 지속된 오랜 내전이 종식되었으나 이미 전쟁 중에 50만 명 이상이 사망했고 수백만 명의 난민이 발생했다. 전쟁을 이끈 것은 야망 가득한 지도자들과 냉전 중 각 진영의 승리를 위해 개입한 강대국들이었지만 그 피해는 오롯이 앙골라의 힘없는 국민이 감당해야 했다. 전쟁이라는 명목으로 고문과 같은 인권 남용 사례가 빈번하게 발생했고, 특히 여성은 강간과 폭력에 그대로 노출되었다.

내전이 끝나고 앙골라 정부는 표면적으로 민주주의를 표방했지만 정적이었던 앙골라완전민족동맹에 대한 보복을 이어 나갔고 정부가 언론을 통제함으로써 표현의 자유를 침해했다. 현재까지도 앙골라는 앙골라인민해방운동의 정부와 정당이 국가 전체를 장악하고 있고 국가 주도의 경제 체계에서 정경 유착과 부정부패가 만연하고 있다.

앙골라는 종전 직후 고도 성장을 이어 나갔지만 국민은 여전히 빈곤한 반면 대통령 가족과 측근 정치인들의 재산은 엄청나게 늘어났다. 조제 에두아르두 두스 산투스 대통령의 장녀 이사벨 두스 산투스*Isabel dos Santos*는 국영 석유회사의 회장이자 앙골라의 가장 유력한 기업인이었고, 한때 〈포브스*Forbes*〉는 그녀를 아프리카 최고의 여성 부호로 선정했다.●

결국 앙골라의 경제는 매년 성장했지만 그 혜택은 소수의 특권 계층만이 누릴 수 있었고, 반면 국민의 전반적인 삶의 질은 낮아지면서 앙골라 사회는 극심한 양극화 현상이 나타나고 있다. 또한 2018년 세계인구현황 보고서에 따르면 공중 보건에 대한 투자가 제대로 이루어지지 않아서 앙골라의 2015~2020 평균 기대 수명은 46.8세로 196개 조사 대상 중 191위로 최하위권에 머물렀다.

● 앙골라 정부는 이 소식이 앙골라의 자존심이라며 자랑스럽게 널리 알렸다.

영원할 것만 같았던 조제 에두아르두 두스 산투스 대통령의 치세는 2017년 9월 26일 주앙 로렌수*João Lourenço*가 새로운 대통령에 취임하면서 막을 내렸다. 끊임없는 건강 이상설이 제기되었고, 스스로 차기 대선에 출마하지 않겠다고 발표했지만 1979년부터 38년 동안 집권했던 조제 에두아르두 두스 산투스 대통령이 정말 물러날지에 대한 국민의 의구심은 컸다.

아프리카의 대표적인 독재자로 손꼽히는 짐바브웨의 로버트 무가베*Robert Gabriel Mugabe* 대통령이 직위를 승계하려다 쿠데타로 축출된 것과 대비되게 다행히도 조제 에두아르두 두스 산투스 대통령은 대선에 출마하지 않고 선거 후 순순히 권좌에서 내려왔다.

앙골라에서는 가장 의석을 많이 차지한 당의 의장이 대통령이 된다. 2017 총선에서 여당은 68퍼센트의 득표율을 얻어 과반 의석수를 확보했고, 주앙 로렌수 당시 앙골라인민해방운동 의장은 3대 앙골라 대통령으로 당선되었다. 선거 운동 중 과열된 분위기로 소요 사태도 있었지만 대체로 국민들은 질서 있게 투표에 참여했고 개표 결과 발표 후에도 큰 혼란이 발생하지 않았다.

앙골라의 3대 대통령인 주앙 로렌수 대통령은 1954년 3월 5일 로비투 주에서 출생했다. 그는 앙골라인민해방운동의 열

● 앙골라인민해방운동의 2017년 선거 유세

성적인 당원으로 독립 전쟁과 앙골라내전에 참여했으며 영어, 러시아어, 스페인어를 유창하게 구사했다. 취미로 항상 독서를 즐기며 체스 실력도 뛰어난 것으로 알려졌다.

레닌군사정치학교를 졸업한 주앙 로렌수는 조제 에두아르두 두스 산투스 정부에서 2014년부터 취임 전까지 국방부장관을 역임했고, 1998년부터 2003년까지는 앙골라인민해방운동의 사무총장을 역임했다.

유세 기간 동안 강인한 이미지를 내세웠던 주앙 로렌수는 취임 후 부정부패 청산을 목표로 조제 에두아르두 두스 산투스 전 대통령의 가족 및 고위급 관리들의 비리를 파헤쳐 척결하고자 했다.

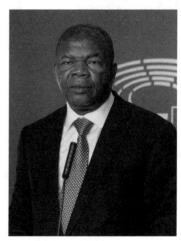

● 주앙 로렌수 대통령

대통령 일가의 가장 대표적인 유력자인 이자벨 두스 산투스 국영 석유회사 회장은 해임된 후 비리 혐의로 기소되었고, 조제 에두아르두 두스 산투스 대통령의 아들인 앙골라 국부펀드를 운영하던 필로메누 두스 산투스*Filomeno dos Santos* 또한 비리 혐의로 체포되었다.

이러한 강력한 조치로 인해 2019년 4월까지 앙골라인민해방운동 의장 임기가 남은 조제 에두아르두 두스 산투스 전 대통령은 중도에 물러나게 되었고 주앙 로렌수 대통령은 당정 최고 위치에 오르며 자신의 입지를 공고히 했다.

주앙 로렌수 대통령은 2018년 4월 국민의 삶의 질 개선과 불평등 감소, 빈곤 퇴치 등 총 136개의 목표로 5개년 국가개

● 조제 에두아르두 두스 산투스 전 대통령과 주앙 로렌수 현 대통령

발계획*Plano de Desenvolvimento Nacional 2018~2022*을 발표했다. 특히 석유 산업 의존도를 낮추기 위한 다각화된 경제 구조를 지향하고, 국내 기업 경쟁력 확산, 무역 적자 감소, 조세 기반 확보 같은 경제 개혁과 관련된 목표를 내세웠다.

극심한 양극화로 국민 대부분이 빈곤 계층이었기 때문에 경제 성장과 부의 재분배는 주앙 로렌수 정권의 핵심 과제로 떠올랐다. 사회주의 국가의 수장이었던 소련의 가장 큰 패망 원인으로 계획경제 체제 실패로 인한 경제 붕괴가 늘 언급된다. 가뜩이나 양극화가 심한 상황에서 국제 유가 하락으로 인한 경기 침체가 이어지자 물가와 실업자는 폭발적으로 증가했다. 주앙 로렌수 대통령 역시 차기 선거에서 정권을 유지하기 위해

서는 혁신적인 경제 구조 개혁이 필수임을 이해하고 여러 개혁 조치를 취하고 있다.

주앙 로렌수 대통령의 한국에 대한 관심과 애정

내전을 경험하고 경제 개혁을 가장 큰 목표로 내세운 주앙 로렌수 대통령에게 한국의 경제 발전은 매우 의미가 큰 선례이다. 실제 한국의 역사와 경제 발전에 많은 관심을 보이던 주앙 로렌수는 국방부장관 시절 여러 차례 한국을 방문한 적이 있다. 당시 주앙 로렌수는 한국 방문을 통해 앙골라와 같은 내전을 경험했지만 눈부신 경제 발전을 달성한 한국의 경험을 공

● 2016년 앙골라 국방부장관이었던 주앙 로렌수와 한국 윤병세 외교부장관 회담

유해 주고 한국 기업들이 앙골라의 다양한 분야에서 적극적인 투자와 협력을 해 주기를 요청했다.

이후 대통령에 취임한 주앙 로렌수는 앙골라의 정치·경제 분야의 중요 파트너국을 지정했고 선정된 12개 나라 중 한국도 포함되었다. 전통적으로 앙골라는 러시아, 쿠바, 중국 등 주로 같은 사회주의 국가들과 강한 연대가 있었지만 주앙 로렌수 대통령은 경제 자유화와 외교 다변화를 목표로 하고 한국에 관심이 많은 만큼 그의 임기 중 양국 간 더 많은 교류가 생기기를 기대한다.

과거를 넘어 미래로

최근 앙골라는 여러 큰 사건을 겪었다. 우선 지난 몇 년간 코로나19 확산으로 경제가 더 침체되었다가 근래 원유가 상승이 지속되면서 경기 회복의 가능성을 기대하고 있다. 2022년 7월 8일 앙골라의 영원한 권력으로 남을 것만 같은 조제 에두아르두 두스 산투스 전 대통령이 사망했다. 퇴임 후 숙환으로 스페인 바르셀로나에서 치료를 받던 중 사망 소식이 들렸다.

앙골라 정부도 그를 추모하기 위해 닷새 동안 국민 애도 기간으로 정하고 관공서에는 조기를 계양했다. 조제 에두아르두 두스 산투스에 대한 평가는 논란과 비판의 여지가 많지만

● 2022년 주앙 로렌수 대통령의 재취임 연설

분명 앙골라내전을 끝내고 오랜 시간 앙골라의 흥망성쇠를 함께한 역사적 인물이었다는 것은 부정할 수 없는 사실이다.

2022년 8월 24일 현 여당인 앙골라인민해방운동은 51퍼센트의 득표율로 과반을 간신히 넘겼고, 주앙 로렌수 대통령의 재선이 확정되었다. 다행히 정권을 빼앗기진 않았지만 앙골라인민해방운동은 포르투갈 식민지에서 독립한 이후로 최악의 총선 성적을 기록했고, 의석수 3분의 2 확보에 실패했다.

반면 앙골라완전민족동맹은 2017년 26퍼센트에서 2022년 총선에는 43퍼센트의 정당 득표율을 얻으며 크게 약진했다. 반세기가 넘는 앙골라인민해방운동의 집권기 동안 국민의 민생은 나아지지 않았고, 실업률이 크게 증가하면서 많은 젊은 유권자들이 앙골라완전민족동맹을 지지했다고 언론들은 분석했다.

　충격적인 선거 결과에 불구하고 주앙 로렌수 대통령은 재선 취임식에서 '모든 앙골라 국민의 대통령'이 되겠다고 선언했고, 국가 경제를 더 자유화하고 청년 실업 해결을 위한 개혁을 하겠다고 선포했다. 과연 이번 총선 결과로 현재의 집권 세력은 더 큰 경각심을 갖고 진정으로 앙골라 국민들의 민생을 위한 국정 운영을 펼치게 될지 궁금하다.

함께 생각하고 토론하기

포르투갈의 식민 지배 과정에서 수많은 앙골라 사람들이 노예 무역으로 희생되었고, 식민 지배자들의 의도적인 정책에 의해 서로 분열하기도 했습니다. 하지만 은징가 여왕의 시대부터 앙골라는 식민 지배를 벗어나기 위해 용맹하게 무장 투쟁을 했고, 때로는 문학을 통해 지배자들에 대한 날선 비판을 하기도 했습니다. 결국 국내외에서 오랫동안 독립운동을 펼친 결과 앙골라는 1975년 11월 11일 마침내 포르투갈에게서 독립을 쟁취했습니다.

● 앙골라와 한국 모두 식민 지배를 벗어나기 위해 전개한 독립운동에는 비슷한 부분이 많습니다. 어떠한 부분이 비슷한지 이야기해 봅시다.

●● 앙골라 사람들은 식민 지배의 아픔을 감추거나 부끄러워하지 않고 오히려 드러내고 잊지 않으려고 노력하고 있습니다. 이와 같은 앙골라 사람들의 자세에서 우리가 얻을 수 있는 교훈이 무엇인지 이야기해 봅시다.

함께 생각하고 토론하기

앙골라 사람들은 무려 27년간 동족상잔의 내전을 통해 씻을 수 없는 상처를 입었습니다. 내전으로 민간인 수십만 명이 사망했고, 약 400만 명이 가족과 이별하는 아픔을 겪었습니다. 앙골라내전은 당시 국제 정세를 반영한 냉전의 대리전 양상으로 지속되었고, 끝나지 않을 것만 같던 전쟁은 2002년 정부군에 대항하던 반군 지도자 조나스 사빔비가 사망하면서 막을 내렸습니다.

● 우리나라 역시 한국전쟁을 겪으며 앙골라내전과 같이 민족끼리 총을 겨눈 시절이 있습니다. 우리는 왜 서로 싸워야만 했으며, 앙골라내전과 한국전쟁에 왜 수많은 나라가 개입했는지 생각해 봅시다.

4부

문화로 보는 앙골라

모든 미래의 꽃은
오늘의 씨앗에 담겨있다.

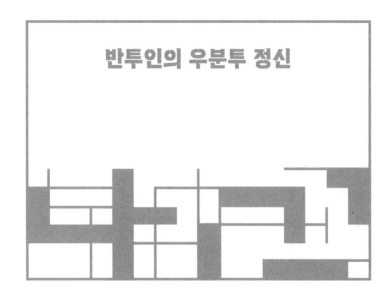

반투인의 우분투 정신

서양이 모르던 유구한 반투인의 역사

서양에서는 현재의 나이지리아와 카메룬 지역에 사는 반투인들이 무역으로 왕래하는 아랍 상인에게 철기 제조법을 배워 다른 토착 민족보다 더 부강했다고 추측했다. 또한 아랍인에게 배운 철기로 무장하고 농사를 지으면서 다른 민족집단들을 정복하고 더 큰 세력을 이루었다고 생각했다. 강자가 약자를 지배한다는 전형적인 서구 논리와 세계관에서는 반투인은 외세인 아랍의 도움으로 약한 세력을 정복해 나갔다고 말한다. 그들은 지금 이 순간에도 아프리카에서 일어나는 분쟁이나 내전을 단순히 '민족집단 간의 갈등'으로만 규정할 뿐 실제 반투인의 시각으로 본질적인 문제에 접근하려는 노력은 부족하다. 이후 유럽의 식민 지배 시기에 반투인은 '전형적인 토착인'의 상징이었고, 남아프리카공화국의 인종 분리 정책을 주도했던 백인 정부는 절대 지배층에 편입되지 못하는 흑인 피지배층의 교육 체계를 '반투 교육'이라고 명명했다.

하지만 오만한 서구인들의 생각은 최근 연구를 통해 금이 가기 시작했다. 우선 기원전 800년 전 탄자니아 북동쪽과 르완다에 있는 호수 주변부에서 철을 가공할 수 있는 반투인들이 살았고, 이는 서구가 주장하는 아랍으로부터의 철기 기술 전수설을 한참 앞선 시기였다. 오히려 자신만의 공동체 의식과 영적인 믿음이 있던 반투인을 대상으로 이슬람은 역사상 처음으로 선교에 실패하고 말았다.

반투인의 확장은 서양 제국주의와 같이 군사력을 동원해 다른 민족집단을 굴복시키는 것이 아닌 긴 시대를 거쳐서 평화롭게 이루어졌다. 중부 아프리카에서 남부 아프리카로 이동하면서 코이산족과 부시맨 민족집단들과 접촉하게 되었지만 전쟁을 벌이지 않았다. 대신 대가족 단위의 이동을 통해 새로운 지역에서 농업을 시작했고, 이미 거주하고 있는 지역민이 있을 경우 생활을 위해 서로에게 배우면서 공존했다.

일부 반투인들은 호전적이기도 했지만 다른 민족집단을 멸망시키기 위해 전투를 벌이지 않았고, 보통 수백 명 정도로 구성된 작은 공동체를 이루어 생활했다. 반투인들은 특별한 경우에만 지도자를 내세웠고, 평소에는 가장 나이가 많은 연장자가 생활의 결정권을 갖고 공동체를 이끌었다.

반투인을 하나로 만드는 우분투 정신

강자가 약자를 지배하는 양육강식의 세계관을 갖고 있던 유럽인들은 반투의 공동체 문화를 미개한 방식이라고 생각했다. 하지만 반투의 공동체 문화는 '우리가 함께 있기에 내가 있다'라는 우분투*Ubuntu* 정신을 바탕으로 한 협동과 연대 그리고 나눔을 근본으로 한다. 넬슨 만델라*Nelson Mandela* 대통령은 '우분투가 자칫 자신을 위해 일하지 말라는 뜻으로 해석될 수 있지만 더 나은 공동체를 위해 일하다 보면 그 공동체에 속한 자신의 위치가 그만큼 올라가게 된다는 것'이라고 정의했다.

이 우분투 정신은 마치 혼자 감당하기 어려운 상황을 공동으로 힘을 모아 함께 극복하는 우리의 상부상조 문화와 매우 흡사하다. 옛 조상들이 지나가는 나그네에게도 따뜻한 식사 한 끼를 정성껏 대접한 것처럼 반투인 역시 여행자에게 거리낌 없이 식량과 물을 내준다.

'나'라는 존재를 우선으로 개인의 자유와 권리를 최우선시하는 서양 문화에서 야만인의 문화로 취급했지만 '우리'라는 공동체의 화합과 조화를 중시하는 동양 문화권에서 우분투 정

● 반투의 우분투 정신

신은 매우 가깝게 느껴질 것이다. 반투인들이 다른 토착 민족 집단을 파괴하지 않고 평화롭게 공존하며 살아간 것은 이런 우분투에 대한 신념이 있었기 때문이다.

노벨 평화상 수상자인 데즈먼드 투투*Desmond Tutu*는 '인간은 혼자 살아갈 수 없는 존재라는 것이 바로 우분투 정신의 핵심'이라고 말했다. 우분투를 이해하면 왜 앙골라 사람들이 항상 가족을 우선시하고, 오랜 내전의 아픔을 극복하고 어떻게 다시 하나가 될 수 있는지 설명이 된다. 아직 분단 국가인 대한민국은 통일과 민족의 화합이라는 중대한 과제를 떠안고 있다. 반투인의 후손인 앙골라 사람들의 화합과 공동체 정신은 우리에게 잊혀진 전통적 가치를 다시금 떠오르게 해 준다.

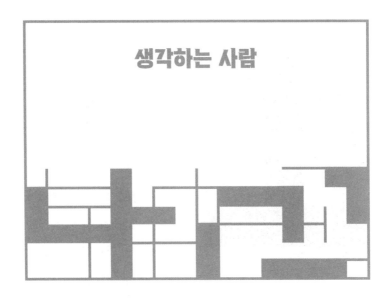

생각하는 사람

다른 아프리카 국가들과 마찬가지로 앙골라에서도 조각 작품은 탄생과 죽음의 의미를 담고 있으며 문화 예술과 종교적으로 중요한 요소이다. 앙골라 사람들은 목재, 청동, 상아 등 다양한 재료를 조각해 각 지역과 민족집단의 특성을 나타내고 종교 행사와 축제에 활용했다. 시간이 흘러 원주민 사회가 변화하고 포르투갈의 식민 지배가 진행되는 과정에서 새로운 조각 예술이 탄생했고 현재의 조각품은 일반 장식품 및 관광 상품으로 발전해 대중적으로 변모했다.

마치 제주도를 상징하는 돌하르방처럼 앙골라에는 대표적인 조각 예술품인 '생각하는 사람*Pensador*'이 있다. 생각하는 사람은 남녀 구분이 모호한 노인이 머리를 감싸안고 쪼그려 앉

● 생각하는 사람 조각품

아있는 형상을 하고 있다. 또한 목재로 정교하게 깎아 유려한 곡선으로 처리되어 심미적 아름다움을 느낄 수 있다. 또한 약간 아래를 바라보는 얼굴은 기울어진 대칭으로 되어있는데 이는 앙골라에서 노인들이 특권을 지녔다는 것을 의도적으로 표현한 것이다. 즉 오랜 경험과 지혜 그리고 삶에 대한 지식을 의미한다.

생각하는 사람의 기원은 앙골라 북동쪽에 거주하던 초퀘 Tchokwe라는 유목민의 주술사가 나무 조각의 형상을 해석해 점을 치던 것에서 시작되었다. 이 유목민 집단에는 철강과 건축술에 능한 장인들이 있었고 이들은 문화적으로 세련된 감각을 지니고 있었다. 초퀘족의 나이 많은 원로들은 명상을 통해 끊임없이 삶에 대한 고뇌를 했다고 전해지는데 그 모습이 생각하는 사람에 반영된 것이 아닌가 추측한다. 그렇기 때문에 초퀘족은 생각하는 사람이 자신들의 영혼을 정화한다고 믿었고, 현재 앙골라 사람들도 이를 믿어 가정집이나 상점 내 액운을 막기 위해 비치하기도 한다.

앙골라 역사와 문화를 상징하는 국립인류학박물관에도

● 다양한 종류의 생각하는 사람 조각품

1937년 룬다 지역에서 발견된 생각하는 사람이 대표적인 소
장품으로 진열되어있다. 또한 앙골라 화폐인 콴자에도 새겨
질 정도로 민족을 대표하는 조각품이며 현지를 방문한 외국
인들이 가장 많이 구매하는 기념품 중 하나이다.

생각하는 사람 조각품을 보면서 사람들은 다양한 해석을 한
다. 상실감 또는 굶주림에 괴로워하는 것 같다거나 식민 시절
노예로 끌려가기 전 좌절하는 모습 같다는 꽤 그럴듯한 해석
을 들은 적도 있었다. 하지만 해석에 대한 명확한 정의는 없다.
이름 그대로 우리가 '생각하는 사람'이 되어 조각품의 느낌을
각각 상상할 따름이다.

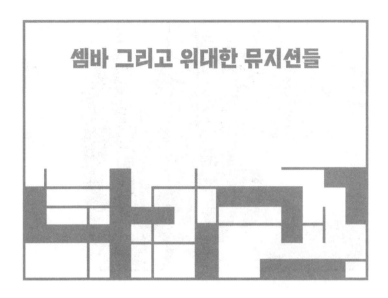

셈바 그리고 위대한 뮤지션들

아프리카에서는 생활, 종교, 사회생활에서 음악이 매우 중요한 의미를 갖고 있다. 전통적으로 노래와 춤을 통해 신을 숭배했다. 앙골라 사람들은 태어나서 죽을 때까지 음악을 통해 교감하고 일체감을 느끼며 살아간다. 오랜 식민 지배와 내전으로 고통받은 앙골라 국민을 위로한 것 역시 음악이었다. 수많은 앙골라의 예술가들은 음악을 통해 포르투갈의 식민 지배에 저항했고 내전 당시에는 반전과 평화를 노래했다.

현재까지 앙골라 음악은 유럽과 남미의 영향을 받아 대중적이고 창의적인 다양한 장르로 발전했고, 다른 포르투갈어권 국가들과 공통적으로 루소푸누스*Lusófonos* 음악에 영향을 받았다.

세계가 즐기는 셈바

셈바는 앙골라와 남부 아프리카 국가들의 전통 음악으로 브라질 삼바*Samba*의 기원이 되었다. 삼바와 발음이 비슷해 동일하다고 생각할 수 있으나 셈바와 삼바는 확연히 다르다.

대부분의 노래 가사가 교훈적인 이야기, 일상, 사회 문제 등을 주제로 하며 많은 아티스트가 셈바를 통해 폭넓은 감정과 표현을 이끌어낸다. 다양한 연회 및 행사뿐만 아니라 장례식에도 쓰이며 앙골라 사람들의 사랑은 물론 세계인이 즐기는 음악이다.

셈바의 전설, 봉가

가장 대표적인 셈바 가수는 '봉가*Bonga*'라고 불리는 바르

• 포르투갈어 사용 국가의 음악 장르를 통칭하나 포르투갈어 외 다른 언어로 된 노래도 많다.

● 봉가

셀로 드 카르발류*Barceló de Carvalho*이다. 봉가는 1942년 앙골라 뱅구에서 태어났고, 스물세 살에 포르투갈로 이주해 유명한 축구 스타이자 육상 선수로 활동하며 포르투갈 400미터 달리기 신기록 보유자가 되었다. 열다섯 살부터 가수로 활동한 봉가는 1972년 선정적인 가사가 문제가 되어 네덜란드 로테르담으로 추방되었다.

다재다능한 봉가는 로테르담에서 포르투갈의 식민 지배를 받던 카보베르데의 아티스트들과 연대하면서 많은 음악적 영감을 얻었다. 카네이션혁명부터 1975년 앙골라가 포르투갈에서 독립할 때까지 독일, 벨기에, 프랑스를 떠돌며 다양한 스타일의 음악을 셈바에 접목했다. 독립 후 내전이 발발하자 봉가는 정치 지도자들을 향한 비판적인 태도를 보였고, 평화를 위해 노래하는 봉가를 앙골라 국민들은 영웅이라고 불렀다.

2016년 봉가는 74세의 나이로 31번째 앨범 '밖에서 온 메시지*Recados de Fora*'를 발표해 건재함을 과시했으며 현재까지 왕성하게 음악 활동을 하면서 셈바를 세계에 알리고 있다.

소울의 아티스트, 발데마르 바스토스

발데마르 바스토스*Waldemar Bastos*는 감성과 소울이 충만한 목소리를 갖고 셈바를 비롯해 포르투갈의 파두*Fado*, 스페인의 볼레로*Bolero*까지 다양한 장르의 음악을 연주하는 기타리스트이기도 했다. 무려 40년 동안 유럽, 미국,

● 발데마르 바스토스

캐나다, 브라질 등 세계를 무대로 왕성한 활동을 했으며, 2013년에는 울산월드뮤직페스티벌에 초청되어 내한 공연을 했다. 그는 다양한 음악 장르의 아티스트들과 협업하는 것을 즐겼고, 1999년 발매한 '검은 빛*Pretaluz*'을 통해 월드 뮤직어워드에서 올해의 신인상을 수상했다. 2018년 앙골라 정부는 그에게 최고 권위의 국가 문화예술상을 수여했다.

발데마르 바스토스는 늘 자신의 음악과 정치에 대한 신념과 열정이 넘쳤고, 앙골라 문화가 발전하기 위해서 독창성을 잃지 않아야 한다고 강조했다. 2020년 8월 10일 리스본에서 사망했지만 그의 음악은 아직도 세계 음악 팬들에게 사랑받고 있다.

셈바를 널리 알린 안드레 밍가스

● 안드레 밍가스

앙골라 음악의 황금기인 1970~1980년대 발데마르 바스토스와 함께 대표적인 셈바 가수로 손꼽히는 이가 바로 안드레 밍가스*André Mingas*이다. 그는 셈바를 비롯해 앙골라 음악을 국제적으로 홍보하고 보급하는 데 지대한 공헌을 한 음악가이자 작곡가이다. 특히 내전에 참전한 쿠바군을 통해 쿠바 음악의 영향을 받은 셈바 곡들을 발표해 앙골라뿐만 아니라 많은 남부 아프리카 국가에서 큰 인기를 끌었다.

안드레 밍가스는 앙골라작곡가협회를 설립했고 문화부차관으로 활동하면서 앙골라 대중문화 발전에도 큰 공헌을 했다. 그의 첫 앨범인 '인생의 것들*Coisas da Vida*'은 전통 음악과 재즈 및 록을 결합해 앙골라 대중음악 역사의 한 획을 그었고, 대표곡인 '무페트*Mufete*'는 현재까지도 많은 사랑을 받고 있다.

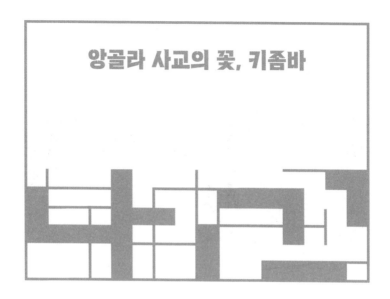

앙골라 사교의 꽃, 키좀바

루안다의 대표적인 명소 마르지나우 산책로는 탁 트인 대서양의 경관과 더불어 시민들이 산책과 데이트를 즐기는 곳이다. 노을이 지고 시원한 바닷바람이 불 때쯤 흥겨운 음악이 울려 퍼지고, 삼삼오오 남녀가 리듬에 맞추어 춤을 추기 시작한다. 유연한 춤 동작이 꽤나 인상적이어서 앙골라 친구들에게 물어보니 '키좀바*Kizomba*'라고 알려주었다.

키좀바는 생일, 기념일, 결혼식 등 각종 파티의 댄스 타임에 빠지지 않고 등장하며 로맨틱한 분위기를 연출할 수 있어 특히 커플에게 인기가 많다. 키좀바는 '파티'를 의미하는 킴분두어에서 유래했고, 앙골라 전통 음악 장르인 셈바를 기반으로 한다. 앙골라뿐만 아니라 포르투갈어를 쓰는 아프리카 다른 나

● 키좀바를 즐기는 시민들

라에서도 유명한 댄스 장르이고, 배경이 되는 노래 가사는 주
로 포르투갈어나 크레올어 또는 영어로 만든다.

15~16세기부터 앙골라 사람들은 셈바 리듬에 맞춰 다양한
전통춤을 추고 있었다. 이후 식민 시대를 거치며 유럽의 춤과
아프리카식 리듬이 결합되었고, 아르헨티나의 탱고나 쿠바의
메렝게 등 남미의 영향을 받으면서 키좀바가 탄생했다.

다양한 문화의 영향을 받은 키좀바

전쟁을 피해 콩고공화국 브라자빌로 망명한 부모님 사이에

서 1964년 에두아르도 파임 Eduardo Paim이 태어났다. 그는 키좀바를 대중화시키는 데 크게 기여한 뮤지션이다.

● 에두아르도 파잉

1982년 그는 밴드 'SOS' 를 창단했고 1980년대 중반 앙골라에서 큰 인기를 얻었다. 에두아르도 파임은 1980년대 앙골라 음악 서킷에 큰 영향을 미친 앙골라 음악가이자 키좀바 음악 장르의 가장 영향력 있는 아이콘으로 손꼽히고 있다.

1988년 포르투갈로 이주한 후 1991년 'Luanda minha banda' 앨범을 발표해 성공적으로 데뷔한 그는 다양한 뮤지션들과 교류하면서 실험적인 음악 활동을 해왔고 80세가 넘은 지금까지 음악 활동을 계속하고 있다.

쉽게 배울수 있는 키좀바 댄스

역동적이면서도 매우 아름답고 관능적인 춤 동작이 특징인 키좀바는 초보자의 진입 장벽이 낮고 다양하고 창의적인 패턴이 허용되는 것이 매력이다. 셈바 음악을 기본으로 하는 키좀바 댄스의 리듬과 스텝은 정서적인 안정에도 많은 도움이 된다고 한다. 특히 파트너와의 호흡과 친밀감이 매우 중요하며 맥박과 음악을 통해 하나로 연결되는 감정을 느끼게 된다고 해 '앙골라 사교의 꽃'이라고도 불린다.

현재 앙골라에는 키좀바 댄스를 배울 수 있는 수많은 교습소와 동호회가 존재하며 프로와 아마추어가 참여할 수 있는 대회도 활성화되어있다. 앙골라뿐만 아니라 남미와 유럽을 넘어 아시아에서도 각 지역적 특색에 맞게 유행한 키좀바는 세계적으로 즐기는 댄스 장르로 자리 잡게 되었고 주요 도시에서는 키좀바 페스티벌이 열리고 있다.

한국에서는 댄스 학원과 동아리를 중심으로 알려지고 있으며 2018년 서울에서 처음으로 키좀바 페스티벌이 열렸다. 아직 탱고나 살사에 비해 인지도가 높지 않지만 키좀바 댄스 역시 차별화된 매력이 충분히 넘치기 때문에 국내에서 더 널리 알려지기를 기대해 본다.

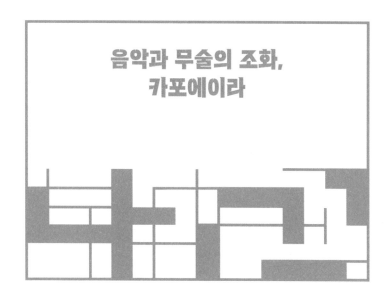

음악과 무술의 조화,
카포에이라

카포에이라의 유래

한국에서 브라질의 전통 무예로 잘 알려져 있는 카포에이라*Capoeira*는 사실 앙골라를 비롯한 아프리카계 흑인 이주민들에 의해 만들어졌다. 16세기 포르투갈의 노예 무역으로 100만 명 이상의 앙골라 사람들이 브라질의 대농장으로 팔려나갔다.

브라질로 끌려간 그들은 혹독한 노동 착취와 학대를 받았고, 주인들은 반란을 방지하기 위해 그들의 무예 수련을 금지시켰다. 주인들의 감시를 피해 노예들은 무술 동작에 음악과 춤을 가미했고 이 때문에 카포에이라는 리듬에 맞춘 화려하고 아크로바틱한 동작이 탄생했다고 전해진다.

이러한 탄생 설화와 같이 카포에이라는 브라질로 이주한 앙골라 및 아프리카계 이주민 공동체의 결속을 상징하는 스포츠이자 문화 예술이며 당시 노예 제도의 폭력에 저항하는 수단이기도 했다. 보통 카포에이라를 수련하는 사람을 '카포에이리스타*Capoeirista*'라고 하며, 앙골라에서 수련하는 이들을 '앙골레이루*Angoleiro*'라고 부른다.

카포에이라의 종류

지역적 특성에 따라 카포에이라는 앙골라*Angola*, 헤지오나우*Regional*, 콘템포라네아*Contemporânea* 세 가지로 구분된다. 앙골라는 카포에이라가 처음 출현했던 당시의 원형에 가장 가까운 전통적인 형태에 띠고 있다. 느린 음악과 낮은 자세가 특징이며 체력 소모는 덜하지만 느린 만큼 정교한 동작을 필요로 해 배울 때 더 많은 시간과 노력이 요구된다.

브라질 카포에이라의 전설인 마스터 빔바*Mestre Bimba*는 기존 카포에이라에 빠르고 공격적인 요소를 포함한 헤지오나우 스타일을 만들었다. 19세기 해방된 노예들이 카포에이라를 범죄에 활용할까 봐 우려한 브라질 정부는 한동안 금지령을 내렸다. 이때 마스터 빔바는 정부 관계자들에게 자신이 만든 헤지오나우 시범을 보여 카포에이라가 문화 예술적으로 가치가

● 과거의 카포에이라

● 현재의 카포에이라

있다는 것을 증명했다. 결국 1937년 마스터 빔바는 헤지오나우를 통해 카포에이라가 합법화되는 데 지대한 공헌을 했다.

콘탬포라네아는 대중에게 가장 널리 알려진 화려하고 빠른 현대적 스타일의 카포에이라이다. 헤지오나우보다 더 공격적이고 화려하며 시대의 흐름에 따라 계속 변화하고 있다.

카포에이라의 진행 순서

카포에이라가 시작되면 카포에이리스타들은 원형을 의미하는 호다 형태로 둘러서서 그 중심에 두 명의 선수가 서로 겨루는 조구를 한다. 호다를 이루는 카포에이리스타들은 성별과 상관없이 사범, 부사범, 수련생으로 구성되며 조구가 진행되는 동안 노래를 부르고 악기를 연주한다.

사실 무예인 카포에이라의 핵심은 음악과 리듬이다. 사범은 수련 서클에서 지도자로서 각각의 역할을 분담시키고 조율한다. 그는 베림바우를 연주해 노래를 선창하며 박자와 리듬을 리드하고, 다른 수련생 카포에이리스타들은 판데이루나 아타바끄, 아고고, 헤쿠헤쿠 같은 타악기를 연주하거나 손뼉을 치면서 모두 함께 선율과 노래를 만들어나간다.

다양하고 화려한 카포에이라의 가장 중심이 되는 기본 동작은 바로 징가*Ginga* 스텝이다. 카포에이라를 상징하는 특유의

● 호다와 조구

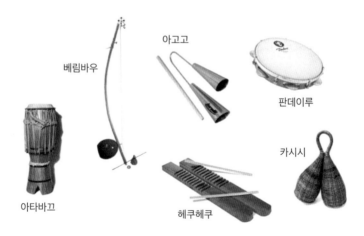

● 카포에이라에 사용되는 악기들

보법으로 스텝에 맞추어 몸을 흔들고 자신의 움직임을 상대가 예측하지 못하게 만들면서 무게 중심을 이동해 발차기에 강도를 높일 수 있다. 회피와 공격 모두 활용 가능한 징가 스텝*은 상대를 교묘하게 속여 넘겨 제압하는 묘미가 있다.

유네스코 문화재로 선정된 카포에이라

카포에이라에 참여하는 이들은 서로 관찰하고 모방해 기술을 배우기 때문에 상호 존중이 반드시 필요하다. 또한 수련을 통해 공동체의 사회적 결속을 증진시키고 억압과 지배에 저항하던 역사를 떠올리게 한다.

한때 앙골라에서 떠난 노예들의 무예였지만 음악과 춤이 함께 조화롭게 스며들어 현재 전 세계의 수많은 사람이 카포에이라를 수련하고 있다. 역사적 배경과 공동체를 결속시키는 가치를 인정받은 카포에이라는 2014년 유네스코 인류 무형 문화유산으로 선정되었다.

---

* 브라질의 축구 선수들이 화려한 개인기로 상대를 기만하는 동작 역시 징가라고 부른다.

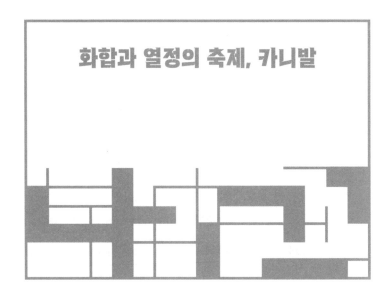

화합과 열정의 축제, 카니발

화려한 의상과 정열적인 삼바로 상징되는 카니발. 우리는 흔히 카니발을 생각하면 브라질을 떠올린다. 특히 브라질 리우데자네이루의 카니발은 독일의 옥토버페스트, 삿포로 눈축제와 같이 세계적인 축제로 유명하다.

매년 카니발을 보기 위해 전 세계 관광객들이 브라질을 찾고 있으며, 관광객 세 명 중 한 명은 리우데자네이루 카니발 기간에 방문한다고 한다. 카니발은 2~3월 중 4~5일간 진행되며 축제의 백미인 삼바 퍼레이드에 참여하기 위해 카니발 참가팀인 삼바스쿨은 1년 내내 의상과 안무를 준비한다. 카니발 퍼레이드 우승팀에게는 막대한 상금과 명성이 주어지고, 여러 스폰서들의 재정적 지원 또한 받을 수 있다.

카니발의 유래

브라질 카니발도 아프리카 노예들에 의해 탄생했다. 본래 카니발의 어원은 '살코기를 끊는다'라는 라틴어 'Carneleva-men'에서 기원한다. 실제 카니발은 사순절*이 시작되기 전 마음껏 먹고 마시고 즐기기 위해 시작된 축제였다.

가톨릭 국가인 포르투갈이 지배하던 브라질에 아프리카 노예들이 끌려왔고 기존 축제에 아프리카 전통 타악기와 춤이 합쳐지면서 현재의 브라질 카니발이 생겨났다. 아프리카 노예들은 대서양을 건너며 생사의 고비를 넘고서도 유럽인의 농장과 광산에서 고된 노동에 시달렸고 향수를 달래기 위해 카니발에서 춤을 추고 노래를 불렀다. 이렇게 시작된 카니발은 현재 남미, 유럽, 아프리카뿐만 아니라 일본에서까지 개최되면서 세계인이 즐기는 축제로 거듭나고 있다.

앙골라의 카니발

앙골라에서도 카니발은 아주 중요한 축제이다. 보통 2월 중

● 가톨릭 국가에서 부활절을 앞두고 40일간 몸과 마음을 경건히 하는 금욕의 절기

순 또는 2월 말에 개최된다.* 이 축제는 과거 앙골라에 이주한 포르투갈인들에 의해 시작되었고 다양한 지역의 문화와 전통이 합쳐지면서 현재의 모습으로 발전했다.

초기에는 루안다 인근 지역에서만 활성화되었고 상류층이 유럽의 문화를 향유하는 그들만의 축제였다. 1987년 지방 정부도 공식적인 축제로 인정하면서 카니발은 전국적으로 활성화되기 시작했다. 이 시기 루안다의 중심 해안 도로인 마르지나우 드 루안다에서 최고의 팀 타이틀을 두고 여러 참가 팀이 경쟁하며 국가적 축제로 거듭났다.

카니발 기간 동안 루안다의 마르지나우 해변 도로에는 관중석이 설치되며 대통령을 비롯한 고위 인사들이 참여한다. 퍼레이드에 참여하는 각 팀은 지휘자, 왕, 왕비로 구성되며 각자의 안무와 리듬을 자유롭게 정한다. 카니발에서는 셈바, 카베툴라, 카주구타, 디잔다 등이 흥겨운 전통 음악이 주로 사용된다. 루안다의 카니발 퍼레이드는 국영 방송을 통해 생중계되며 다른 도시에서도 소규모 카니발이 개최된다고 한다.

나는 파견 근무 당시 카니발이 개최되는 지역 근처에 거주하고 있었지만 아쉽게도 수많은 인파가 몰리고 주변 지역을 통제해 자세히 볼 수는 없었다. 다만 TV로 시청했는데 생각보다 다양한 팀이 참가했고, 각 지역별 팀뿐만 아니라 외국인 참가

---

* 개최 시기는 해마다 다르며 그날은 공휴일로 지정된다.

● 카니발 퍼레이드 공연

자까지 참여하는 열정과 화합의 축제였다.

　브라질 카니발에 비교해 규모나 화려함은 부족하지만 오히려 참가자 각자의 개성이 잘 드러나는 의상과 안무가 인상적이었고 긴 구간에 펼쳐지는 퍼레이드 참가자들도 시종일관 밝은 모습을 보여주었다. 앙골라의 뜨거운 열기를 느껴보고 싶다면 카니발에 참여해 보는건 어떨까?

앙골라의 공휴일

세계 어느 나라 사람들과 마찬가지로 앙골라 사람들 또한 공휴일을 손꼽아 기다린다. 앙골라 정부는 해마다 공휴일을 공표하는데 보통 역사적인 사건을 기념하거나 국교인 가톨릭과 관련된 날이 많다. 만약 공휴일이 일요일과 겹치면 다음 월요일이 대체 공휴일로 지정되며, 목요일인 경우에는 금요일로 대체된다. 앙골라에는 어떠한 공휴일이 있는지 살펴보자.

1월 1일: 신년 휴일 *Ano Novo*

새해 첫날은 신년 휴일이다. 우리와 비슷하게 앙골라 사람들은 가족과 이웃에게 신년 인사를 건네고, 대통령 역시 국민에게 신년사를 발표한다. 참고로 포르투갈어로 새해 인사는 '펠리즈 아누 노부*Feliz Ano novo*'라고 한다.

2월 4일: 국가무장투쟁의 날 *Dia Nacional do Esforço Armado*

1961년 2월 4일은 앙골라의 독립 투사들이 루안다 감옥과 파출소를 공격해 투옥되어있던 애국지사들을 해방시킨 날로 이 사건은 앙골라 독립의 시발점이 되었다. 아직도 국가무쟁투쟁의 날은 앙골라 사람들에게 중요한 의미가 있는 공휴일로 여겨지며 심지어 루안다에 위치한 앙골라 최대 국제공항 역시 '2월4일국제공항'으로 명명했다. 루안다 카젠가는 독립 투사들이 마지막까지 저항했던 장소였고, 현재는 국가무쟁투쟁 기념 동상이 세워져 있다.

3월~4월 중 1일: 부활절*Pascoa*

가톨릭 국가인 앙골라에서는 예수 그리스도의 부활을 기념하는 부활절을 국가 공휴일로 지정하고 있다. 앙골라 사람들은 부활절에 달걀 모양의 초콜릿을 선물로 주고받으며 성당에서 개최하는 기념행사에 참여하기도 한다.

4월 4일: 평화의 날*Dia de Paz*

2002년 4월 4일은 앙골라 정부군과 반정부군인 앙골라완전민족동맹 사이에 평화 협정이 체결된 날로, 이날을 기념해 '평화의 날'이라고 이름 지었고, 공휴일로 지정되었다.

5월 1일: 노동절*Dia do Trabalho*

1886년 5월 1일, 미국의 총파업이 노동절의 시초가 되어 전 세계 노동자의 연대와 단결을 과시하고 노동자의 권익과 복지를 향상하며 안정된 삶을 도모하기 위해 제정한 날이다.

9월 17일: 국가 영웅과 건국자의 날 *Dia do Herói Nacional e do Fundador da Nação*

1922년 9월 17일은 앙골라의 초대 대통령인 아고스티뉴 네투가 태어난 날로 국부의 탄생을 기념하기 위해 국가 공휴일로 지정되었다.

11월 2일: 망자의 날 *Dia de Finados*

망자의 날은 가톨릭을 비롯한 기독교 축일 중 하나로 세상을 떠난 망자의 영혼을 기억하는 날이다. 이날 앙골라 사람들은 공동묘지나 교회를 찾아 망자를 위한 기도를 드린다.

11월 11일: 독립기념일 *Dia da Independência*

1975년 11월 11일에 아고스티뉴 네투 대통령은 포르투갈로부터의 독립을 공식적으로 선언했다. 이날을 기념해 국가 공휴일로 삼았다.

12월 25일: 성탄절 *Natal*

성탄절은 앙골라 사람들이 가장 좋아하는 공휴일로 가족들과 선물을 주고받고 포르투갈의 영향을 받아 '왕의 케이크*Bolo rei*'를 나누어 먹는다. 참고로 포르투갈어로 '메리 크리스마스'는 '펠리즈 나따우!*Feliz Natal!*'라고 한다.

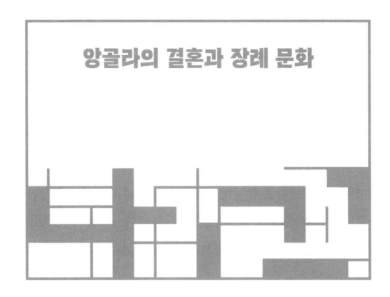

앙골라의 결혼과 장례 문화

앙골라는 내전 직후 인구가 급증했는데 특히 문화적으로 일부다처제도 허용이 되어 자녀 수가 두 자리를 넘는 경우도 있다. 앙골라 사람들 대부분은 많은 형제자매와 함께 성장하기 때문에 가족 간 유대감과 결속력이 끈끈하다. 때로는 개인의 권리보다는 가족의 유지를 더욱 중요하게 생각한다. 다양한 형태의 결혼과 장례 문화를 통해 앙골라의 가족 문화를 살펴볼 수 있다.

앙골라의 화려한 결혼식

앙골라에서 일할 당시 회사에서 가장 가깝게 지냈던 여직원이 결혼을 했다. 나보다 나이가 약간 많았던 그녀와 가끔 앙골라 신세대의 결혼식에 대해 이야기를 나누곤 했다. 그녀의 말에 따르면 앙골라의 결혼식은 비용이 많이 들고 꽤 오랜 시간을 준비해야 해서 동거 후 자녀를 먼저 갖는 경우가 흔하다고 했다. 특히 신랑 측은 지참금을 포함해 각종 예물과 음식을 장만한 후 처가의 혼인 동의를 받아야 하기 때문에 일반 서민 가정에서는 경제적인 사정으로 결혼을 늦게 하거나 생략하는 경우도 있다고 했다.

그녀의 경우 한국 회사에서 일하는 직원과 결혼했고 그 회사의 한국인 대표에게 '대부' 역할을 부탁했다. 신부와 신랑 모두 가톨릭 신자였기 때문에 오전부터 성당에서 결혼 의식을 치르고 긴 웨딩 사진 촬영이 이어졌다. 오전 결혼식에는 직계 가족과 대부와 대모만 참여하며 결혼식의 증인으로 신랑 신부와 모든 의식을 함께한다.

나는 늦은 저녁 결혼식 피로연에 참여했는데 고급스러운 연회장과 화려한 신부 신랑 그리고 하객들의 복장이 인상적이었다. 특히 연령이 높은 여성 하객들은 앙골라 전통인 사마카카 패턴의 의상을 주로 입고 있었고, 젊은 세대들은 깔끔하고 세련된 정장과 이브닝드레스를 입고 있었다. 직계 형제자매는 똑같은 의상을 맞춰 입었는데 신부의 세 자매는 샛노란 드레스를 입고 있었다.

한국과 달리 신랑 신부는 가장 중앙의 상석에 앉아 하객들

● 많은 비용과 시간을 들여 준비한 앙골라의 결혼식

의 축하를 받았다. 오전부터 고된 일정에 지친 신부가 축하 인사를 건넨 나를 보고 옅은 미소를 보였다. 댄스 타임에는 신랑 신부가 모든 하객들의 관심과 축복 속에 우아한 춤을 추고 이후 흥겨운 음악이 이어지며 하객들은 늦은 새벽까지 춤과 음식을 즐겼다.

고된 일정을 소화한 신랑 신부는 루안다의 유명한 신혼여행지인 무술로섬에서 허니문을 즐겼다. 보통 이렇게 긴 결혼식 절차로 인해 예비 신랑 신부는 오랜 시간 동안 결혼식을 준비한다. 결혼식은 대개 금요일에 시작해 일요일까지 총 3일간 치른다고 한다.

온 식구가 함께하는 장례식

프로젝트 일환으로 한 달간 한국 초청 연수를 통해 알게 된 경찰관 친구가 갑작스럽게 세상을 떠났다는 소식을 전해 들었다. 수업을 마치면 좋은 교육을 받게 해주어서 고맙다는 인사를 늘 먼저 건네던 성실하고 선량한 친구였다. 그는 무장 강도의 침입을 받아 애통하게 젊은 나이에 죽음을 맞이했다고 한다. 나는 그의 부고 소식을 듣고 한국 직원을 대표해 장례식에 참석하기로 했고 안전을 위해 다른 경찰관 친구들과 동행했다.

도착 당시에는 이미 많은 조문객이 와 있었다. 한국의 상조 회사처럼 장례물품을 준비해 주는 업체가 있었다. 한국의 장례식과 비슷하게 남자 식구들은 조문객들을 주로 맞이했으며 여자 식구들은 손님들에게 대접할 음식을 장만한다고 바쁘게 움직이고 있었다. 특히 나이 든 친척 어른은 침착하게 장례식 전반을 조율했고 슬픔에 잠긴 식구들의 구심점이 되어주었다.

넋이 나간 어린 아내와 울다 지쳐 쓰러지는 할머니들의 모습이 지금도 생생히 기억나지만 가족들의 사랑과 단합력을 새삼 느꼈다. 친척과 지인이 많은 탓에 장례는 보통 삼일장으로 치러지며 소득 수준에 따라 화장 또는 매장을 선택하며 공동 묘지에 매장한 후에도 비석과 장식으로 무덤을 화려하게 꾸민다. 장례식 또한 많은 비용이 소모되기 때문에 일반 가정의 경우 친척과 지인들의 경제적 도움을 받는다.

● 가족 및 친인척과 함께하는 앙골라의 장례식

가족 중심적인 앙골라의 결혼식과 장례식

앙골라 사람들에게 가족은 항상 우선순위이다. 그들은 결혼을 통해 인척 관계를 형성하고, 장례식과 같은 어려움이 있을 때 서로 의지해 극복한다.

개인주의가 만연한 시대에 살고 있는 현대 사람들에게는 앙골라의 결혼과 장례 문화가 형편에 맞지 않게 보여질 수도 있다. 하지만 개인보다 가족을 더 중시하는 앙골라 사람들에게 결혼식과 장례식은 일생일대의 중요 행사로 그 의미가 아주 크다.

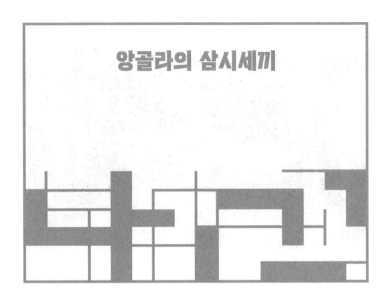

앙골라의 삼시세끼

여행을 하면서 현지 음식을 먹는다는 것은 그 나라의 문화와 전통을 이해할 수 있는 좋은 기회이다. 조리법은 그 나라의 역사와 문화를 담고 있고 식재료를 통해 기후와 토양에 대해 알 수 있다. 수많은 음식 중 앙골라에 오면 꼭 먹어봐야 하는 삼시세끼 메뉴를 선정해 보았다.

아침 식사

앙골라의 길거리 음식을 즐기려면 아침 시간을 놓치면 안된다. 내가 가장 선호하는 아침 식사 메뉴는 구운 바나나와 진

● 구운 바나나와 진구바

● 구운 고구마와 봄부

● 알고라스 프리타스

● 징가커피

구바(땅콩)이었다. 아침 길거리에는 우리가 흔히 먹는 것과는 다른 구이용 바나나를 노릇하게 구워 파는 아낙네가 많다. 구운 바나나의 겉면은 살짝 굳어있지만 안에는 쫀득한 식감이 살아있다. 구운 바나나는 달고 약간 시큼한 맛이 난다. 보통은 진구바를 함께 곁들어 먹는다. 계절에 따라 뿌리 식물인 만디오카*Mandioca*나 봄보*Bombó* 또는 고구마를 구워서 팔기도 한다.

이외에도 도넛 형태의 빵을 튀겨 설탕을 잔뜩 친 아르고라스 프리타스*Argolas fritas*도 아침 출근길 식사 대용으로 인기가 많다. 모닝커피로는 앙골라의 대표 브랜드인 징가*Ginga*커피를 추천한다.

앙골라의 연수생들을 한국에 한 달간 초청해 교육프로그램을 진행한 적이 있다. 귀국을 앞두고 모든 연수생들은 한결같이 집에 돌아가서 가장 먼저 먹고 싶은 음식으로 '푼지*Funge*'를 꼽았다.

앙골라를 대표하는 음식 중 하나인 푼지는 대개 만디오카 또는 옥수수 가루를 물에 타서 찐득한 떡과 같은 질감으로 만든 후 익혀서 먹는다. 우리가 밥을 먹을 때 반찬과 같이 먹듯이 앙골라 사람들도 푼지를 먹을 때 소스나 생선, 고기 스튜, 찌거나 볶은 야채 등을 함께 곁들여서 먹는다. 영양가가 높고 소화도 잘되며 포만감이 있어서 편히 먹기 좋은 메뉴이다.* 나도 처음에는 말랑하고 쫀득한 식감이 어색했지만 나중에는 먼저 찾아서 먹을 정도로 즐겨 찾는 메뉴가 되었다.

배부르게 먹은 뒤 디저트로는 망고를 추천한다. 제철인 5~6월의 앙골라 망고는 크고 달기로 유명한데 앙골라에 방문하거나 생활했던 모든 한국 사람들은 뛰어난 맛에 한 번 놀라고 부담 없는 가격에 또 한 번 놀랐다. 나 역시도 다시 앙골라에 돌아간다면 가장 먼저 먹고 싶은 것이 바로 망고이다. 앙골라산 망고는 과육이 풍부해 그냥 먹어도 맛있지만 말리거나

---

* 앙골라에서는 푼지를 먹으면 잠이 온다는 속설도 있다.

● 만디오카로 만든 푼지

● 소스와 고기를 곁들인 푼지

● 앙골라 망고

● 노점에서 팔리는 망고

주스로 갈아 마셔도 맛이 좋다.

　망고는 마트뿐만 아니라 길거리 노점 상인을 통해서도 쉽게 구할 수 있다. 더운 날씨 덕분에 망고뿐만 아니라 파인애플, 구아바, 패션푸르트, 아보카도 등 다른 과일들도 모두 맛있고 저렴하니 꼭 맛보기를 바란다.

　루안다는 대서양을 맞대고 있는 해안 도시로 잡히는 어종이 다양하고 풍부하며 한때 해양 국가인 포르투갈의 지배를 받아 포르투갈식 요리가 잘 발달되어있다. 루안다 해안선을 따라 일랴 드 카부에는 맛있는 해산물 요리를 파는 포르투갈 식당이 많다.

　해변가의 좋은 식당을 찾았다면 에피타이저로 바삭한 갑오징어 튀김인 쇼쿠 프리투*Choco frito*와 시원한 앙골라 맥주인 쿠카*Cuca*를 곁들이는 것을 추천한다. 그리고 메인 메뉴로는 거대한 생선의 살 많은 머리를 숯불에 구워 올리브유를 두른 까베싸 드 쉐르니*Cabeça de Cherne*와 새우, 조개, 오징어 등 성성한 해산물이 잔뜩 들어간 포르투갈식 해물죽인 아호이스 마리스꾸*Arroz de Marisco*를 반드시 맛보아야 한다. 노을 진 석양과 어우러진 이 미식의 향연을 결코 놓치지 않기를 바란다.

● 쇼쿠 프리투　　　　　● 까베싸 드 쉐르니와 아호이스 마리스꾸

함께 생각하고 토론하기

앙골라 사람들의 뿌리인 반투인은 과거부터 우분투 정신을 통해 공동
체의 단합을 중시했습니다. 우분투 정신을 통해 앙골라 사람들은 식
민 지배의 아픔 속에서 서로 단합했고 내전 후 민족 간의 갈등을 넘어
다시 단결할 수 있었습니다. 반면 포르투갈 사람들을 비롯한 유럽의
지배자들은 우분투 정신을 폄하하고 원주민들의 미개한 문화로 취급
했습니다.

● 유럽의 지배자들이 반투인의 우분투 정신을 의도적으로 폄훼하
려고 했던 이유에 대해 생각해 봅시다.

●● 한국이 통일되어 다시 하나의 국가가 된다면 우분투 정신을
통해 어떠한 교훈을 얻을 수 있는지 생각해 봅시다.

함께 생각하고 토론하기

앙골라에는 대가족을 이루고 사는 경우가 많습니다. 보통 다자녀를 두며 할아버지, 할머니와 함께 사는 가정도 많은 편입니다. 그 때문에 가족 간의 화합을 중요하게 생각하며 기쁨과 슬픔을 함께 공유합니다. 어릴 적부터 개인보다 가족과의 단결을 중시하는 환경에서 자라 온 덕분인지 앙골라 사람들에게 공동체 의식은 매우 중요합니다.

● 현재 우리나라에서 찾아볼 수 있는 공동체 의식에는 어떤 것이 있는지 생각해 봅시다.

5부

여기를 가면 앙골라가 보인다

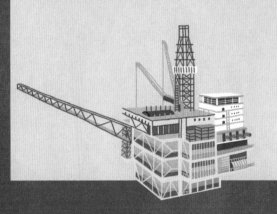

어둠을 저주하는 대신
촛불을 켜세요.

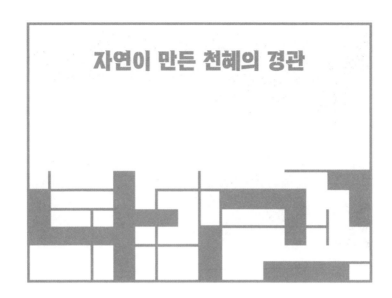

자연이 만든 천혜의 경관

카란둘라 폭포 *Queda de Kalandula*

앙골라 말란제 주에는 빅토리아 폭포 다음으로 아프리카에서 두 번째로 큰 폭포인 카란둘라 폭포가 있다. 콴자강의 주요 지류 중 하나인 루카우라강과 연결된 카란둘라 폭포는 길이 약 410미터, 높이 105미터의 웅장한 규모를 자랑하며 특히 우기인 3~4월에는 엄청난 양의 물이 유입되면서 장관을 이룬다.

포르투갈 식민 지배 시기였던 1975년까지 브라간싸 공작 폭포로 불리다가 이후 현재의 명칭을 갖게 되었다. 카란둘라 폭포는 앙골라의 대표 관광지로 빠지지 않을 만큼 유명하다.

● 카란둘라 폭포

마이옴베 숲 *Floresta do Mayombe*

앙골라 북부 카빈다 지역부터 콩고민주공화국, 콩고공화국, 가봉까지 널리 펼쳐진 마이옴베 숲은 약 29만 헥타르(약 2,900 제곱킬로미터) 규모로, 브라질 아마존 다음으로 세계에서 두 번째로 큰 숲이다.

이 광대한 규모의 숲에는 50미터가 훌쩍 넘는 울창한 나무와 수풀이 무성하다. 또한 침팬지, 고릴라, 코끼리 등 다양한 동물이 서식하고 있고, 특히 희귀한 조류와 나비종들이 발견되어 학술적 연구 가치가 매우 높다. 현재 앙골라 정부는 마이옴베 숲을 관광 상품으로 개발하기 위해 연구 및 인프라 개선

● 마이옴베 숲

● 마이옴베 숲에 서식 중인 침팬지

을 추진하고 있다.

나미브 사막 *Deserto do Namibe*

세계에서 가장 오래된 사막으로 알려진 나미브 사막은 5,500만 년 이상의 역사를 지니고 있다. 코이산어로 '광활하고 황량한 곳'을 뜻하는 나미브 사막은 대서양 연안을 따라 앙골라와 나미비아에 걸쳐 약 1,600킬로미터의 길이와 300만 헥타르(3만 제곱킬로미터)의 규모를 자랑한다.

낮에는 영상 60도에 달할 정도로 매우 더우나 밤에는 영하 10~15도까지 떨어지며 극심한 일교차를 보인다. 무수히 많은 사막의 모래 언덕 경사와 평야 사이에 간헐적으로 호수와 계곡이 형성되어있다. 척박한 환경임에도 다양한 포유류, 파충류, 곤충 등이 서식하고 있고, 웰위치아를 비롯한 사막 식물들

● 나미브 사막

도 자생하며 고유한 생태계가 형성되었다. 세계 유일의 해안 사막이기도 한 나미브 사막은 그 가치를 인정받아 2013년 유네스코 세계 자연유산으로 지정되었다.

달빛전망대 *Miradouro da Lua*

루안다 시내에서 40킬로미터 이내 거리인 벨라스 지구에는 달빛전망대라는 유명한 관광 명소가 있다. 오랜 시간 바람과 비로 인한 침식으로 만들어진 달빛전망대의 지형은 이름처럼 달에 온 듯한 환상적이고 몽환적인 느낌을 준다. 특히 노을이

● 달빛전망대

질 때 석양에 물든 대지와 대서양이 조화를 이루며 장엄한 장
관을 연출한다.

달빛전망대는 1993년에 촬영된 최초의 포르투갈-앙골라
합작 영화이자 브라질 그라마도 페스티벌에서 특별공로상을
수상한 포르투갈 감독 조르지 안토니우 Jorge Antonio의 영화 〈달
빛전망대 O Miradouro da Lua〉의 배경이 되어 유명세를 떨쳤다. 현
재도 달빛전망대는 현지 주민들뿐만 아니라 루안다를 방문한
관광객들이 많이 찾는 유명 관광지로 사랑받고 있다.

대서양과 접해 있는 앙골라의 해안선에는 아름다운 해변이 여러 개 있다. 그중에서도 루안다 도심에서 가까운 곳에 위치하고 고급 리조트와 수상 레저 시설을 갖춘 무술로섬은 루안다 시민들이 가장 선호하는 휴양지 중 하나이다.

해안으로 유입되는 콴자강의 퇴적물이 쌓여 이루어진 약 30킬로미터 길이의 무술로섬은 섬이라고 부르지만 사실 내륙과도 이어져 있어 육로를 통해 이동이 가능하다. 길게 늘어선 해변과 코코넛 나무가 인상적인 무술로섬은 특히 휴가철이면 피서를 즐기러 오는 국내외 관광객이 몰리며 북새통을 이룬다.

나도 주말이면 자주 무술로섬으로 떠나 낚시와 해수욕을 즐기기도 했다. 특히 낚시를 즐겨한다면 어종이 다양하고 풍부한 무술로섬을 꼭 방문해 보기를 바란다.

● 무술로섬

수도 루안다에서 가장 멋진 대서양의 노을을 볼 수 있는 곳이 바로 마르지나우 드 루안다이다. 눈부신 대서양과 화려한 고층 빌딩 사이로 약 5.6킬로미터의 길고 아름다운 해안 도로가 펼쳐져 있다.

마르지나우 드 루안다는 시내에서 가장 중심 거리이며 각종 정부 부처, 국립은행, 국영 석유회사 본사, 경찰청 등 중요한 공공 기관 및 회사 건물들이 자리하고 있다. 도로 곳곳에 경찰이 배치되어있어 루안다 시민뿐만 아니라 외국인도 안전하게 다닐 수 있고 농구장, 레스토랑, 카페, 잡화점 등 여러 편의 시설도 갖추고 있다.

특히 해안 산책로가 잘 조성되어있어 노을이 질 때면 붉게 물드는 바닷가를 바라보면서 신선한 바람과 함께 조깅을 즐길

● 마르지나우 드 루안다

수 있고 키좀바, 카포에이라, 줌바 등 각종 동호회 활동이 펼쳐진다. 루안다에 방문한다면 자연과 현대적인 건축물 그리고 문화가 조화롭게 공존하는 마르지나우 드 루안다를 꼭 방문해보기 바란다.

팬디 다 툰다발라 *Fenda da Tundavala*

우일라 주의 루방고에서 약 18킬로미터 떨어진 곳에 위치한 팬디 다 툰다발라는 웅장한 규모의 절벽으로 인근 지역 주민들은 이곳에 조상들의 영혼이 깃든다고 믿고 있어 신성한 장소로 여겨진다.

● 팬디 다 툰다발라

팬디 다 툰다발라는 약 2,200미터 해발 고도이며 앙골라 중앙고원이 끝나는 지점에 위치해 있다. 정상에 서면 약 1,200 미터 깊이의 아찔한 절벽을 볼 수 있다. 2010년 아프리카네이션스컵의 D조 경기를 주최한 루방고에는 이 절벽의 이름을 딴 툰다발라 국립경기장이 있다.

모후 두 모쿠 Morro do Moco

우암부 주에 있는 모후 두 모쿠는 앙골라에서 가장 높은 산으로 해발 고도 2,620미터에 달한다. 앙골라 중앙고원에 위치하고 있고 주변이 평원처럼 나지막해 모후 두 모쿠를 더욱 솟아 보이게 만든다. 많은 관광객이 찾는 유명한 자연 명소이고, 다른 지역에 비해서 보존이 잘된 편이어서 다른 곳에서 보기 힘든 동식물과 희귀한 광물도 볼 수 있다.

현지 동료가 알려준 바로는 모후 두 모쿠 근방에 뜨거운 물이 솟는 노천탕이 있다고 한다. 온천을 즐기면서 모후 두 모쿠의 절경을 감상하고 싶다면 꼭 한 번 들러보기를 바란다.

● 모후두 모쿠

● 야외 온천탕

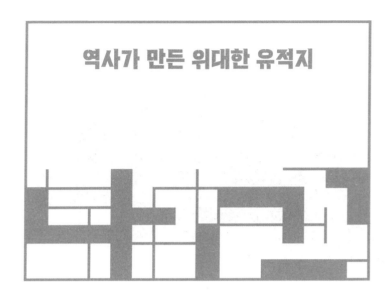

음반자 콩고*M'banza-Congo*

앙골라 북서부 자이르 주의 주도이기도 한 음반자 콩고는
콩고민주공화국 접경 지역에 위치해 있다. 14~19세기 사하라
이남 최대의 연합 국가였던 콩고 왕국의 수도인 음반자 콩고는
15세기 포르투갈인이 도착하기 전부터 이미 번영한 도시였다.
포르투갈인의 선교 활동으로 콩고 왕국에는 기독교가 전파되
었고, 1608년 음반자 콩고에는 대성당이 건립되었다. 로마 교
황청은 사하라 이남 아프리카 국가 최초로 바티칸 주재 콩고
왕국 대사를 승인했다. 하지만 콩고 왕국은 기독교 국가가 되
었어도 자신들의 전통은 그대로 유지했다.

● 음반자 콩고에 남아있는 유적지

이후 콩고 왕국은 포르투갈과 유럽의 노예 무역에서 가장
중요한 요충지가 되었고 현재도 그 당시 포르투갈인이 남긴 교
회, 군사 건축물들이 남아있다. 음반자 콩고 유적지는 콩고 왕
국의 역사와 아프리카 노예 무역을 상징하는 가치를 인정받아
2017년 유네스코 세계 문화유산에 등재되었다.

세라 다 레바Serra da Leba

세라 다 레바는 나미비 주와 우일라 주 사이에 위치한 산맥
으로 움파타 고원이라고도 부른다. 세라 다 레바 산맥에 있는

● 세라 다 레바 도로

약 1,845미터의 구불구불한 도로는 앙골라를 대표하는 랜드마크이면서 아픈 역사를 담고 있다.

세라 다 레바 도로는 1960년대 후반 포르투갈 식민지 시절 페레이라 드 에싸*Pereira de Eça* 장군에 의해 건설되었다. 중앙 지역과 남부 지역의 식량과 군수 물자 수송을 목표로 앙골라 사람들은 도로 건설에 강제로 동원되었다. 험준한 지형에서 펼쳐진 위험하고 무리한 공사로 많은 노동자가 안타깝게 희생되었다. 식민 수탈의 목적으로 건설되었지만 현재도 나미비 주와 우일라 주를 왕래하는 차량들이 이동하는 중요한 도로이며 지방 정부는 세라 다 레바를 관광지로 개발해 더 많은 관광객을 유치하고자 한다.

루안다 마르지나우 해변가 언덕에는 포르투갈의 식민 지배와 노예 무역의 상징인 성 미구엘 요새가 자리 잡고 있다. 1567년 포르투갈의 초대 앙골라 총독인 파올루 디아스 데 노비아스_Paulo Dias de Novais_에 의해 건설된 성 미구엘 요새는 두꺼운 성벽으로 둘러싸여 있고 거대한 대포로 무장했다.

성 미구엘 요새는 1975년까지 유럽과 브라질로 노예를 송출하는 루안다항을 감시하고 포르투갈 총사령관이 상주하는 군사 기지였다. 현재는 수도 루안다의 대표적인 명소로 시내

● 성 미구엘 요새

어디서도 볼 수 있는 대형 앙골라 국기가 설치되어있다.

요새 내부에 만들어진 국립군사역사박물관에는 앙골라의 여러 무기를 진열되어있고 포르루갈의 초대 왕, 바스코 다 가마*Vasco da Gama*, 디오구 카웅*Diogo Cão*● 은징가 여왕의 동상이 있다. 또한 성 미구엘 요새는 좋은 조망을 갖추고 있어 중요한 국가 행사의 파티 장소로 활용되고 있다.

국립노예박물관*Museu Nacional da Escravatura*

앙골라 국가문화재연구소는 노예 무역의 역사를 잊지 않고 후손들에게 알리기 위해 1997년 루안다의 모후 다 크루즈에 국립노예박물관을 건립했다. 이 박물관은 노예들이 무역선에 실리기 전 세례를 받던 카사그란데 예배당 내부에 있으며 노예 무역과 관련된 수백 개의 조각 및 예술품을 소장하고 있다.

노예 무역과 관련된 소장품을 보면 가슴이 아프기는 하지만 이러한 역사를 감추지 않고 미래 세대에게 교육하는 앙골라 사람들의 용기가 새삼 대단하게 느껴진다. 다만 규모도 작고 소장품도 적은 편이어서 정부 차원의 관리와 투자가 필요하다고 생각한다.

● 앙골라에 최초로 도착한 탐험가

● 국립노예박물관

● 노예 조각상

포르투갈 식민 지배에 저항한 독립운동가이자 초대 대통령인 아고스티뉴 네투는 아직도 앙골라 국민들의 존경과 사랑을 받고 있다. 아고스티뉴 네투 기념관에는 그를 추모하기 위해 세운 높은 기념탑과 유해를 안치한 무덤, 그의 생을 알 수 있는 박물관이 있다.

1979년 9월 10일 아고스티뉴 네투 대통령이 사망하자 앙골라 정부는 그의 유골을 안치할 영묘 건설 프로젝트를 소련에 의뢰했다. 1982년 9월 17일 아고스티뉴 네투의 영묘를 건설하기 시작했고, 2011년 9월 17일 조제 에두아르두 두스 산투스 대통령의 주관으로 준공식을 가졌다. 앙골라를 대표하는

● 아고스티뉴 네투 기념탑과 기념탑 내부

역사적 인물을 추모하는 만큼 공사는 오랜 기간 공을 들였다.

아고스티뉴 네투 기념관 앞쪽에는 대서양이 있고, 뒤쪽에는 앙골라 국회가 자리 잡고 있다. 아고스티뉴 네투 대통령 생애에 대해 알고 싶다면 방문해 보기를 바란다.

철의 궁전Palácio de Ferro

● 철의 궁전

공식적인 기록은 없지만 루안다의 대표적인 건축물인 철의 궁전은 파리의 에펠탑과 자유의 여신상을 만든 프랑스의 세계적인 건축가 귀스타브 에펠 Gustave Eiffel이 설계하고 건축한 것으로 추정되고 있다. 철의 궁전은 1890년에 프랑스에서 미리 지어져 배로 운송되어 마다가스카르에 배치될 계획이었지만 건축물을 실은 배가 벵겔라 해협에서 좌초되어 앙골라에 지어지게 되었다고 한다.

식민지 시절 철의 궁전은 예술의 전당으로 활용될 정도로 위상이 높았으나 앙골라 독립 후 주차장으로 쓰였다. 그나마도 내전 중 건물이 손상되어 구조물이 파괴된 상태로 방치되고 있었는데 다행히 브라질의 한 건설 회사의 도움으로 복원되었다. 앙골라 문화부는 철의 궁전을 다이아몬드박물관으로 활용할지 고급 레스토랑으로 사용할지 고민하고 있다.

루반구 예수상 Cristo Rei de Lubango

앙골라 남쪽에는 91만여 명의 인구를 보유한 앙골라 제2의 도시 루반구가 있다. 시내 인근에 있는 산 정상에는 도시의 랜드마크인 거대한 예수상이 자리하고 있다. 흰 대리석

● 루반구 예수상

으로 만들어진 30미터 크기의 예수상은 해발 고도 130미터에서 도시를 자애롭게 내려다보고 있다.

1957년 포르투갈 건축가에 의해 완공된 이 예수상은 루반구 어디서나 볼 수 있을 정도로 거대하며 세계적으로 유명한 브라질 리우데자네이루의 예수상에 영감을 받아 만들어졌다고 알려져 있다. 포르투갈 리스본에도 동명의 예수상이 존재한다. 2014년 4월 18일 앙골라 문화부는 루반구 예수상을 문화유산으로 지정했다.

함께 생각하고 토론하기

수려한 자연 경관과 야생 동물 그리고 원주민과 유럽의 문화가 공존하는 유적지를 보유한 앙골라는 관광 산업의 잠재력을 갖고 있습니다. 앙골라 정부 역시 관광 산업을 부흥시키기 위해 관광지를 개발하고 접근성을 높이기 위한 도로를 건설하는 등 노력을 기울이고 있습니다.

● 앙골라의 명소 중 가장 방문해 보고 싶은 곳은 어디이며 그 이유가 무엇인지 이야기해 봅시다.

●● 우리나라 자연 경관이나 유적지 중 앙골라 사람들에게 소개하고 싶은 곳이 있는지 생각해 보고, 소개하고 싶은 이유가 무엇인지 이야기해 봅시다.

앙골라와 대한민국

우리에게 생소한 아프리카 국가 중 하나라고 생각할 수 있겠지만 앙골라는 30여 년 동안 우리나라의 주요 아프리카 교역 국가 중 하나로 활발한 협력이 이루어지고 있다.

포르투갈에게서 독립한 후 사회주의 동맹인 북한의 지원을 받아온 현 앙골라인민해방운동 정부는 친북 정책을 견지하면서 대한민국과 수교를 거부해 왔다. 1991년 미국의 지원을 받던 앙골라완전민족동맹과 휴전이 성립된 이후에서야 수교를 맺고(1992년 1월 6일), 2007년 주앙골라대한민국대사관이 수도 루안다에 개설되었다. 이는 앙골라가 냉전 종결 이후 경제적 실리를 추구하는 외교 정책을 펼친다는 의미로 해석되며 한국과의 경제 교류 활성화를 염두한 결정이라고 생각한다.

수교 이후 앙골라는 한국과의 경제 협력 확대를 희망하고 있으며 공개적으로 우호 관계를 드러내고 있다. 2023년 3월 1일, 부산 엑스포 유치 지지를 위해 앙골라를 방문한 대통령특사 박형준 부산시장을 접견한 자리에서는 주앙 로렌수 대통령은 "한국과 앙골라는 좋은 파트너이며 협력할 분야가 많다. 특히 석유와 선박 건조 부문에서 한국 기업들과 긴밀한 관계를 맺고 있으며 수산 및 수산 가공 부문 다분야에서 한국의 투자가 늘고 있어 양국의 관계는 더욱 견고해지고 있다."라고 언급했다. 전주한 앙골라 대사이자 대한민국아프리카국가공관장 대표였던 알비노 말룽구*Albino Malungo* 또한 한국이 앙골라의 표본이 될 만한 발전과 역사를 지닌 나라라고 평가했고, 앙골라를 비롯한 많은 아프리카 국가가 한국의 경제 발전 역사에 많은 관심과 친근감을 갖고 있다고 언급했다.

우리나라 역시 원유 수입 다변화 정책으로 많은 석유 자원을 보유한 앙골라와 교역 증진 방안을 모색하고 있다. 아프리카에 진출한 전체 한국 기업 중 11퍼센트가 앙골라에 진출해 있으며 남아프리카공화국에 이어 2위를 차지하고 있다.*

반면 양국 간 우호 증진 부분에서는 아쉬움이 있다. 고 김대중 대통령의 초청으로 조제 에두아르두 두스 산투스 대통령이 공식적으로 방한*한 이후로 아직까지 한국 대통령의 앙골라 답방이 없었다. 현재 주앙골라대한민국대사관을 중심으로 태권도대회, 한국 영화제, 비보이 공연 등 여러 행사를 열고 있지만 더 적극적으로 앙골라 내에서 한국의 문화와 전통을 알리

• 2016년 기준 지상사 5개사와 교민 기업 22개사로 총 27개사가 앙골라에서 활동하고 있다.
• 2001년 2월 1일부터 2월 3일까지

기 위한 실질적인 국가 지원책 마련도 필요하다.

앙골라는 열강의 식민 지배와 국제 정세 및 이념의 갈등 속에 내전을 겪은, 우리나라와 비슷한 역사를 갖고 있다. 그래서 나는 양 국가의 사회, 문화 그리고 특히 역사적 유사함이 드러나도록 노력했다. 서로가 서로에 대해 모를 뿐이지 비슷한 역사를 알게 되면 우리도 모르게 묘한 동질감을 느낄 수 있다. 식민 지배와 내전의 아픈 역사를 당당히 드러내고 과거의 과오를 반복하지 않게 교육하는 앙골라에게서 우리는 깊은 감동을 느낄 수 있다. 반대로 세계 최빈국에서 사람들의 힘으로 세계적인 경제·문화 강국이 된 대한민국의 성공 스토리 역시 앙골라 사람들에게 희망의 메시지를 줄 수 있다.

이 책을 마치며 나는 앞으로도 앙골라와 한국이 서로 유사한 역사와 공동체 문화를 이해하고 그 과정에서 교류가 더 활성화되어 미래에 희망과 감동을 함께 나눌 수 있는 친구가 되기를 바란다.

p14   ⓒJornal de Angola
p20   ⓒABADA - Capoeira Angola
p22   ⓒ시드 마이어 문명6 트위터
p30   왼쪽 사진 ⓒJornal de Angola, 오른쪽 사진 ⓒJornal de Angola
p31   왼쪽 사진 ⓒJornal de Angola, 오른쪽 사진 ⓒVer Angola
p33   아래 사진 ⓒVer Angola
p43   ⓒJornal de   Angola
p44   위 사진 ⓒPlataforma Media
p50   ⓒ앙골라 대사관
p53   왼쪽 사진 ⓒ앙골라 세르비아 대사관
p58   ⓒhttp://francismundo.comunidades.net/os-ovimbundu-origem-lin-
      gua-e-reinos2
p59   위 사진 ⓒhttps://loispiration.com/tag/kimbundu/, 아래 사진 ⓒhttps://
      our-ancestories.com/blogs/news/bakongo-of-the-angola-people
p69   ⓒDVN
p73   ⓒ주한앙골라대사관
p75   ⓒFIBA
p79   ⓒhttp://evandroamaral.blogs.sapo.ao/importancia-doscandongueiros-
      para-os-6310
p80   ⓒhttps://www.conexaolusofona.org/inaugurada-linha-
      ferroviariaangolana-de-grande-importancia-estrategica/
p88   위 사진 ⓒVer Angola, 아래 사진 ⓒVer Angola
p94   위 사진 ⓒhttps:// plataformamedia.com/2022/04/05/ kwanza-ganhou-
      23-ao-dolar-noprimeiro-trimestre-de-2022/
p98   ⓒhttps://tradingeconomics.com/
p105 왼쪽 사진 ⓒ앙골라 정부 홈페이지, 오른쪽 사진 ⓒPortal de Angola
p106 ⓒJornal de Angola
p109 오른쪽 사진 ⓒhttp://www.chinafrica.cn/Business/201706/
      t20170607_800097691.html
p111 ⓒhttps://asia.nikkei.com/Economy/Angolalooks-beyond-China-for-
      aid-and-investment
p119 ⓒ아마존닷컴
p122 위 사진 ⓒResearchgate, 아래 사진 ⓒResearchgate
p125 ⓒEnsinar
p127 왼쪽 사진 ⓒBUALA
p128 ⓒ티스토리
p132 ⓒhttps://www.thoughtco.com/queen-annanzinga-3529747
p141 ⓒhttps://www.pbslearningmedia.org/ resource/6031c3a2-ada9-42b4-
      8045-52006e2a2b07/the-berlin-conference-of-1884-1885/
p146 왼쪽 사진 ⓒhttps://www.uccla.pt/fotos-historicas-casados-estudantes-
      do-imperio, 오른쪽 사진 ⓒhttps:// www.uccla.pt/fotos-historicas-casa-

	dosestudantes-do-imperio
p149	ⓒhttps://revistaforum.com.br/debates/2021/4/25/por-que-revoluo-dos-cravos-leva-esse-nome-por-kerison-lopes-95894.html
p151	위 사진 ⓒhttps://docplayer.com.br/69873776-Gentes-do-mato-os-novosassimilados-em-luanda.html, 아래 사진 ⓒhttp://tudosobreangola.blogspot.com/2010/08/povos-indigenas-naangola-colonial.html
p157	ⓒ가디언
p161	ⓒ야후 뉴스
p166	왼쪽 사진 ⓒVoz de Angola, 오른쪽 사진 ⓒ TPA
p170	ⓒPortal de Angola
p173	ⓒ대한민국 외교부
p175	ⓒVer Angola
p184	ⓒhttps://maypoleofwisdom.com/i-cant-breathe-crisis-of-themodern-world/
p187	ⓒhttp://poesiangolana.blogspot.com/2009/11/ o-mercado-de-benfica-luanda.html
p190	ⓒhttps://www.discogs.com/ artist/2994723-Jos%C3%A9-AdelinoBarcel%C3%B3-De-Carvalho
p191	ⓒhttps://www.plataformamedia.com/en/2020/08/10/ angola-death-announced-of-singer-waldemarbastos/
p192	ⓒJornal de Angola
p194	ⓒhttps://carolynwriting.wordpress.com/2018/10/03/where-to-dance-kizomba-in-luanda-angola/
p195	ⓒ유튜브
p201	위 사진 ⓒhttps://www.itaquaquecetuba.sp.gov.br/roda-de-capoeira-reune-cercade-50-mulheres-no-dia-8-marco/, 아래 사진 ⓒhttps://capoeira-ssc.com/the-capoeira-instruments/
p206	위 사진 ⓒRNA, 아래 사진 ⓒ Jornal de Angola
p213	ⓒhttps://www.campograndenews.com.br/lado-b/ comportamento-23-08-2011-08/casamento-teve-as-cores-da-angola-e-umafamilia-que-nao-se-via-ha-anos
p215	ⓒJornal de Angola
p217	왼쪽 아래 ⓒhttps://receitasdeportugal.com/2021/12/09/ argolinhas-fritas-de-natal/
p219	왼쪽 위 사진 ⓒhttps://angolaunearthed.wordpress.com/tag/funge/, 오른쪽 위 사진 ⓒhttps://www.chefspencil.com/most-popular-foods-of-angola/, 오른쪽 아래 사진 ⓒPortal de Angola
p226	ⓒTripadvisor
p227	왼쪽 사진 ⓒWelcome to Angola, 오른쪽 사진 ⓒSADC TFCA Portal
p228	ⓒTalatona TV
p231	ⓒUCCLA
p232	ⓒWelcome to Angola
p234	위 사진 ⓒWelcome to Angola
p237	ⓒhttps://www.dangerousroads.org/africa/angola/2730-serra-daleba-pass.html
p238	ⓒTripadvisor
p243	ⓒflickr

나의 첫 다문화 수업 13
있는 그대로 앙골라

초판 1쇄 발행 2024년 1월 30일

지은이 김성민

기획편집 도은주, 류정화
마케팅 박관홍
표지 일러스트 엄지

펴낸이 윤주용
펴낸곳 초록비책공방

출판등록 제2013-000130
주소 서울시 마포구 월드컵북로 402 KGIT 센터 921A호
전화 0505-566-5522 팩스 02-6008-1777

메일 greenrainbooks@naver.com
인스타 @greenrainbooks @greenrain_1318
블로그 http://blog.naver.com/greenrainbooks
페이스북 http://www.facebook.com/greenrainbook

ISBN 979-11-93296-19-6 (03930)

어려운 것은 쉽게 쉬운 것은 깊게 깊은 것은 유쾌하게

초록비책공방은 여러분의 소중한 의견을 기다리고 있습니다.
원고 투고, 오탈자 제보, 제휴 제안은 greenrainbooks@naver.com으로 보내주세요.